චතුරාර්ය සත්‍යාවබෝධයට ධර්ම දේශනා....

ගිහි ගෙයි
ඔබ ඇයි?

පූජ්‍ය කිරිබත්ගොඩ ඤාණානන්ද ස්වාමීන් වහන්සේ

චතුරාර්ය සත්‍යාවබෝධයට ධර්ම දේශනා....

ගිහි ගෙයි ඔබ ඇයි ?

පූජ්‍ය කිරිබත්ගොඩ ඤාණානන්ද ස්වාමීන් වහන්සේ

© සියලුම හිමිකම් ඇවිරිණි.

ISBN : 978 955 0614 38 7

ප්‍රථම මුද්‍රණය : ශ්‍රී බු.ව. 2555 ක් වූ පොසොන් මස පුන් පොහෝ දින
දෙවන මුද්‍රණය : ශ්‍රී බු.ව. 2556 ක් වූ බක් මස පුන් පොහෝ දින
තුන්වන මුද්‍රණය : ශ්‍රී බු.ව. 2557 ක් වූ වප් මස පුන් පොහෝ දින

- සම්පාදනය -

මහමෙව්නාව භාවනා අසපුව
වඩුවාව, යටිගල්ඔළුව, පොල්ගහවෙල.
දුර : 037 2244602
info@mahamevnawa.lk | www.mahamevnawa.lk

- පරිගණක අකුරු සැකසුම, පිටකවර නිර්මාණය සහ ප්‍රකාශනය -

මහාමේඝ ප්‍රකාශකයෝ
වඩුවාව, යටිගල්ඔළුව, පොල්ගහවෙල.
දුර : 037 2053300, 0773216685
mahameghapublishers@gmail.com | www.mahameghapublishers.com

- මුද්‍රණය -

ලීඩ්ස් ග්‍රැෆික්ස් (පුද්.) සමාගම,
අංක 356 E, පන්නිපිටිය පාර, තලවතුගොඩ.

චතුරාර්ය සත්‍යාවබෝධයට ධර්ම දේශනා....

ගිහි ගෙයි ඔබ ඇයි?

පූජ්‍ය කිරිබත්ගොඩ ඤාණානන්ද ස්වාමීන් වහන්සේ
විසින් පවත්වන ලද සදහම් වැඩසටහන් වලදී දේශනා කරන ලද
සූත්‍ර දේශනා ඇසුරෙනි.

මහාමේඝ
MAHAMEGHA

ප්‍රකාශනයකි

පෙළගැස්ම....

"දසබලසේලප්පභවා නිබ්බානමහාසමුද්දපරියන්තා
අට්ඨංග මග්ගසලිලා ජිනවචනනදී චිරං වහතූති"

දසබලයන් වහන්සේ නමැති ශෛලමය පර්වතයෙන් පැන නැගී
අමා මහා නිවන නම් වූ මහා සාගරය අවසන් කොට ඇති
ආර්ය අෂ්ටාංගික මාර්ගය නම් වූ සිහිල් දිය දහරින් හෙබි
උතුම් ශ්‍රී මුඛ බුද්ධ වචන ගංගාව
(ලෝ සතුන්ගේ සසර දුක නිවාලමින්)
බොහෝ කල් ගලාබස්නා සේක්වා!

(සළායතන සංයුත්තය - උද්දාන ගාථා)

නමෝ තස්ස භගවතෝ අරහතෝ සම්මාසම්බුද්ධස්ස

ඒ භාග්‍යවත් අරහත් සම්මා සම්බුදුරජාණන් වහන්සේට නමස්කාර වේවා!

01.
චූළ දුක්ඛක්ඛන්ධ සූත්‍රය
(මජ්ඣිම නිකාය 1 - සීහනාද වර්ගය)

ශ්‍රද්ධාවන්ත පින්වත්නි,

අද අපි ඉගෙන ගන්නේ 'චූළ දුක්ඛක්ඛන්ධ සූත්‍රයයි.' චූළ දුක්ඛක්ඛන්ධ, මහා දුක්ඛක්ඛන්ධ කියලා දුක්ඛක්ඛන්ධ සූත්‍ර දෙකක් තියෙනවා. ඉන් අද අපි පැහැදිලි කර දෙන්නේ චූළ දුක්ඛක්ඛන්ධ සූත්‍රයයි. මේක බුදුරජාණන් වහන්සේ විසින් දුක ගැන වදාළ කෙටි දේශනාවක්.

ඒ දවස්වල භාග්‍යවත් බුදුරජාණන් වහන්සේ වැඩවාසය කළේ කපිලවස්තුවේ නිග්‍රෝධාරාමයේ. කපිල වස්තුව කියලා කියන්නේ බුදුරජාණන් වහන්සේ ඉපදුණු නගරයයි. එහි උන්වහන්සේගේ ඥාති සහෝදරයෙක් හිටියා, එතුමාගේ නම මහානාම. දවසක් මේ මහානාම ශාක්‍ය කුමාරයා බුදුරජාණන් වහන්සේ ළඟට ඇවිල්ලා, උන්වහන්සේට වන්දනාමාන කරලා ඉවර වෙලා මෙන්න මේ විදිහේ ප්‍රශ්නයක් ඇහුවා.

ලෝභ නැති සිතින් වාසය කරන්නේ කවදාද...?

"ස්වාමීනී භාග්‍යවතුන් වහන්ස, මම භාග්‍යවත් බුදුරජාණන් වහන්සේගේ ධර්මය බොහෝ කාලයක් තිස්සේ අහන කෙනෙක්. ඉතින් භාග්‍යවත් බුදුරජාණන් වහන්ස, බොහෝ කාලයක් තිස්සේ ඔබවහන්සේ මේ විදිහේ ධර්මයක් වදාළා. 'ලෝභය කියන්නේ සිත කිලිටි කරන, කෙලෙසා දමන දෙයක් ය; ද්වේෂය කියන්නේ සිත කෙලෙසා දමන දෙයක් ය; මෝහය කියන්නේ සිත කෙලෙසා දමන දෙයක් ය' කියලා. මම ඒ විදිහට භාග්‍යවත් බුදුරජාණන් වහන්සේ වදාළ ධර්මය අහල තියෙනවා."

මහානාම ශාක්‍ය කුමාරයා කියන්නේ සෝතාපන්න වූ කෙනෙක්. මෙයාගෙ හිත තුළට ගිහින් තියෙන ධර්මය තමයි ලෝභය, ද්වේෂය, මෝහය කියන්නේ හිත කෙලෙසා දමන දෙයක් බව. එයා තවදුරටත් කියනවා,

"භාග්‍යවතුන් වහන්සේ බොහෝ කල් මේ විදිහට දේශනා කරල තියෙනවා මං අහල තියෙනවා. නමුත් මගේ හිතේ සමහර දවස්වලට ලෝභයමයි තියෙන්නේ. ලෝභයෙන් මගේ හිත පෙළෙනවා. සමහර දවස්වලට ද්වේෂයෙන් මගේ හිත පීඩාවට පත්වෙනවා. සමහර දවස්වලට මෝහය නිසා මගේ හිත පීඩාවට පත්වෙනවා. මට එතකොට කල්පනා වෙනවා. 'අනේ, ලෝභ නැති සිතකින් මං වාසය කරන්නේ කවදාද? ද්වේෂ නැති සිතින් මං වාසය කරන්නේ කවදාද? මෝහ නැති සිතින් මම වාසය කරන්නේ කවදාද?' කියලා. ස්වාමීනී, මගේ හිතේ මේ ලෝභ, ද්වේෂ, මෝහ තියෙන්නේ කුමන ධර්මයක් ප්‍රහාණය නොවීම නිසාද?"

ගෙවල්වල ඉන්න හේතුව...

"මහානාම, ඔබ ඔය ගෙදර වාසය කරන්නේ ලෝභය ප්‍රහාණය නොවුණු නිසයි. ඔබ ඔය ගෙදර ඉන්නෙ ද්වේෂය ප්‍රහාණය නොවුණු නිසයි. ඔබ ඔය ගෙදර ඉන්නෙ මෝහය ප්‍රහාණය නොවුණු නිසයි. මහානාම, යම් දවසක ඔබේ හිතේ ලෝභය, ද්වේෂය, මෝහය ප්‍රහාණය වුණා නම් ඔබ කවදාවත් ගෙදර ඉන්නේ නැහැ. ඒ නිසා මහානාම, ඔබේ හිතේ ප්‍රහාණය වුණේ නැත්තේ ලෝභයමයි. ඔබේ හිතේ ප්‍රහාණය වුණේ නැත්තේ ද්වේෂයමයි. ඔබේ හිතේ ප්‍රහාණය වුණේ නැත්තේ මෝහයමයි. මේවා ප්‍රහාණය වෙන්නේ කවර ධර්මයකින්ද කියලා දෙයක් නැහැ. මේවා ප්‍රහාණය වුණේ නැති නිසයි ඔබ ඔය ගෙදරට වෙලා ඉන්නේ."

එහෙම නම් දැන් අපි ගෙවල්වල නැවතිල කකා බිබී ඉන්නේ මොකක් නිසාද? ලෝභය, ද්වේෂය, මෝහය අපේ ළඟ තියෙන නිසයි.

කාමයට වැටීම මගහරින දවස...

බුදුරජාණන් වහන්සේ පෙන්වා දෙනවා "මේ කාමයන් පස්සේ දුවන එක අල්ප වූ ආශ්වාදයක් තියෙන දෙයක්. බොහෝ දුක් තිබෙන දෙයක්. බොහෝ කරදර තියෙනවා. බොහෝ පීඩා තියෙනවා. ඒ නිසා ආර්ය ශ්‍රාවකයා මේ පීඩා දුක් දොම්නස් ගැන කොච්චර දැනගත්තත් එයා කාමයෙන් වෙන්වෙලා, අකුසල ධර්මයන්ගෙන් වෙන්වෙලා, ප්‍රීති සුඛය ඇති සමාධියක් වැඩුවේ නැත්නම් එයා ආයෙමත් කැරකිලා කැරකිලා කාමයටම වැටෙනවා. සමාධියක් හදාගත්තු දවසට එයා කාමයන්ට වැටෙන එකෙන් මග හැරෙනවා."

යම් දවසක ආර්ය ශ්‍රාවකයා 'මේ කාමයේ ආදීනවයන් බොහෝ දුක් සහිතයි. පීඩා සහිතයි. කරදර සහිතයි. සන්තෝෂය චුට්ටයි' කියලා දැකලා, එයාට පුළුවන් වුණොත් කාමයන්ගෙන්, අකුසල ධර්මයන් ගෙන් වෙන්වෙලා සමාධියකට පැමිණෙන්න, අන්න එයාට විතරක් පුළුවන් කාමයට වැටෙන්නෙ නැතුව නැගී සිටින්න.

ආයෙමත් නම් කාමයන්ට වැටෙන්නේ නෑ...

බුදුරජාණන් වහන්සේ දේශනා කරනවා, "මහානාම, මට ඔය කාරණය හිතෙන්න ගත්තේ මම සම්බුද්ධත්වයට පත්වෙන්න ඉස්සර වෙලයි. මේ කාමයන් බොහෝ දුක් සහිතයි කියලා ආදීනවයන් දැනගෙන හිටියත් ඒ කාලයේ සමාධියක් ඇතිකර ගන්න බැරිවුණා. ඒ නිසා ඒ කාලයේ මම කාමයන්ට ආයෙමත් කැරකිලා වැටෙන්නේ නැහැ කියල කිව්වේ නැහැ. ඒ කාමයන් මතක් වෙන, කාමයන්ගේ හිත පිහිටන ස්වභාවයක් තමයි මුලින් තිබුණේ.

යම් දවසක මේ කාමයන් ආශ්වාදය චුට්ටක් තියෙන, බොහෝ දුක් පීඩා තියෙන, බොහෝ කරදර තියෙන දෙයක් බව අවබෝධ කරගෙන, කාමයන් ගෙන් බැහැර වෙලා, අකුසල ධර්මයන් ගෙන් බැහැර වෙලා, ධර්මාශ්වාදයෙන් යුතු, ප්‍රීති සැපය තියෙන සමාධියක් ඇතුව වාසය කළා නම්, අන්න එදා තමයි මම කිව්වේ ආයෙමත් කාමයට වැටෙන්නේ නැහැ කියලා.

මේ හැමදේම කාමයන් නිසා නේද...?

දැන් අපට මේ ලෝභ, ද්වේෂ, මෝහ ප්‍රහාණය වුණා නම් ගෙදරක රැඳිලා ඉඳීවිද? ලෝභය ප්‍රහාණය වුණා

නම් රේඩියෝ අහන්නෙත් නැහැ. රූපවාහිනී බලන්නෙත් නැහැ. රහට කන්න ඕනෑ ය කියලා හොයන්නෙත් නැහැ. සැප පහසුකම් කියලා අමුතු දෙයක් හොයන්නෙත් නැහැ. අඳින්න කියලා අමුතු දෙයක් හොයන්නෙත් නැහැ. ප්‍රශ්නය ඉවරයි. ද්වේෂය ප්‍රහාණය වුණා නම් අරයගේ දේ හොයන්න යන්නෙත් නැහැ. මෙයාගේ දේ හොයන්න යන්නෙත් නැහැ. අරයට, මෙයාට කතන්දර හදන්න යන්නෙත් නැහැ. වැටවල්වලට කෝලාහල කරන්න යන්නෙත් නැහැ.

මෝහය ප්‍රහාණය වුණා නම් නැකැත් පස්සේ දුවන්නෙත් නැහැ. කේන්දර පස්සෙ දුවන්නෙත් නැහැ. සුභ නිමිති පස්සේ දුවන්නෙත් නැහැ. ඉවරයි. එයා නිදහස්. එහෙනම් කවදාවත් එයා ගෙදරක රැඳෙන්නෙ නැහැ. බලන්න, බුදුරජාණන් වහන්සේ කොච්චර අවබෝධයකින් ජීවත් වූ කෙනෙක්ද කියලා.

ලෝකයම අහුවෙලා ගියේ පුංචි සතුටකට...

ඊළඟට බුදුරජාණන් වහන්සේ කාමයන්ගේ ආශ්වාදය ගැන කතා කරනවා. කාමයන්ගේ ආශ්වාදය තියෙන්නේ චුට්ටයි. කාමයන්ගේ ආශ්වාදය තමයි ඇහෙන් රූපයක් දැක්කාම පොඩ්ඩක් හිතට සන්තෝෂයක් ඇතිවෙනවා. කනෙන් ශබ්දයක් අහපුවාම ඒ ශබ්දය ප්‍රියමනාප දෙයක් නම් සතුටක්, සොම්නසක් ඇතිවෙනවා. නාසයට සුවඳක් දැනුණාම ඒක ප්‍රියමනාප දෙයක් නම් සතුටක් සොම්නසක් ඇතිවෙනවා. දිවට රසයක් දැනුණාම ඒ රසය ප්‍රියමනාප දෙයක් නම් සතුටක් සොම්නසක් ඇතිවෙනවා. කයට පහස දැනුණාම ඒක ප්‍රියමනාප දෙයක් නම් සතුටක් සොම්නසක් ඇතිවෙනවා. එච්චරයි. ඔය පොඩ්ඩට තමයි සම්පූර්ණ ලෝකයම අහුවෙලා ගියේ.

ඒ පොඩි ආශ්වාදය ලබන්න නම් එයා ඉස්කොලේ ගිහිල්ලා ඉගෙන ගන්න ඕන. රස්සාවල් කරන හැටි ඉගෙන ගන්න ඕන. ගොවිතැන් කරන්න ඉගෙන ගන්න ඕන. වඩු වැඩ, මේසන් වැඩ ඉගෙන ගන්න ඕන. ඊළඟට වෙළඳාම් කරන්න, හමුදාවට යන්න ඉගෙන ගන්න ඕන. නොයෙක් දේවල් කරන්න ඕන. සීතලෙන් පීඩා විඳ විඳ මේ කටයුතු කරන්න ඕන. උෂ්ණුසුමෙන් පීඩා විඳ විඳ කරන්න ඕන. මැසි මදුරුවන්ගෙන් පීඩා විඳ විඳ රස්සාවල් කරන්න ඕන. මේ ඔක්කොම කරන්නේ අර ඇහෙන් දකින රූපය බලලා පොඩ්ඩක් සතුටු වෙන්නයි. කනෙන් ශබ්දය අහලා පොඩ්ඩක් සතුටු වෙන්නයි. නාසයෙන් ආඝ්‍රාණය කරලා පොඩ්ඩක් සතුටු වෙන්නයි. දිවෙන් රස විඳලා පොඩ්ඩක් සතුටු වෙන්නයි. කයෙන් පහස ලබලා පොඩ්ඩක් සතුටු වෙන්නයි.

ආශ්වාදය ටිකයි... ආදීනව බහුලයි...

බුදුරජාණන් වහන්සේ පෙන්වා දෙනවා, පිපාසාවෙන් බඩගින්නෙන් මැරි මැරී **(ඛුප්පිපාසාය මීයමානො)** මේ රැකි රක්ෂාවල් කරන්නේ කාමය පිණිසයි කියලා. කාමයේ ආශ්වාදයන්ට වැඩිය ආදීනව ගොඩාක් තියෙනවා. තමන්ට අසනීපයක් හැදුණු වෙලාවට විවේකයක් ගන්න විදිහක් නැහැ. ගමනක් බිමනක් යන්න විදිහක් නැහැ. ඒ ඔක්කොම කැප කරන්නේ කාමය විඳින්න. ඒ කාමයන් උදෙසාම තමයි.

(අයම්පි මහානාම, කාමානං ආදීනවො සන්දිට්ඨිකො) ඒක තමයි කියලා තියෙනවා, මේ ජීවිතයේදීම කාමයන් නිසා විඳින ආදීනවය. **(දුක්ඛක්ඛන්ධො)** ඒක මහා දුකක්. **(කාම හේතු)** ඒ මහා දුකට හේතුව කාමයමයි. **(කාම**

නිදානෝ) මේ මහා දුකට නිදාන වුණේ කාමයමයි. (කාමාධිකරණෝ) කාමයේමයි මේ පටලැවිල්ල තියෙන්නේ. (කාමානමේවහේතු) කාමයන් නිසාමයි එයාගේ ජීවිතයේ මේ පීඩාවන් විඳවමින් ඉන්නේ.

හැමදාමත් දුකේම වෙලෙමුද...?

මට මතකයි, ඉස්සර කන්තලේ පැත්තේ උදවියට පායන කාලයට රස්සාවල් නැහැ. ඒගොල්ලෝ පාන්දර හතරට නැගිටලා බයිසිකල්වල නැගලා උක් ගස් කපන්න යනවා. දවස තිස්සේ ඒවත් එක්ක ඔට්ටු වෙලා උක් ගස් ටිකක් අරගෙන එනවා.

මම ඉන්දියාවේදී දැක්කා මිනිස්සු දුක් විඳින හැටි. 1990-91 වගේ කාලයේ එහේ දර මිටියක් රු.35යි. ඉන්දියාවේ වයසක අම්මලා එක දර මිටියක් කපාගන්න මුළු දවසක්ම මහන්සි වෙනවා. ඒගොල්ලෝ ඈත කඳුවල ගිහින් දිග දර මිටියක් කපාගෙන එනවා. එහේ සමහර කෝච්චි තියෙනවා. ඒවා හැම වංගුවකදීම නවත්වනවා. එහෙම තැන්වලදී ඒ වයසක අම්මලා කෝච්චියට දරමිටිය දාගෙන ඒකට ගොඩවෙනවා. දරමිටිය උඩ වාඩිවෙලා ඉණ ලිහනවා. ඉණේ තියෙන්නේ රොටියක්. ඒක කන්නේ අඹ ගැටත් එක්ක. අපේ රටේ නම් අඹ කාලෙට අඹ ගස් යට අඹ ගැට පිරිලා තියෙනවානේ. එහේ එහෙම නැහැ. ඔක්කොම අඹ ගැට එකතු කරගෙන යනවා. ඒ අඹ ගැට අඹරලා තමයි කන්නේ. ඉතින් අර අම්මලගේ ආහාරය මුළු දවසටම අර රොටියයි, අඹ ගැට ටිකයි තමයි.

අත්හැරීම පිණිස ආදීනව දකින්න...

මේවා දැකලා මගේ ඇස් දෙකට කඳුළු ඇවිත් තියෙනවා. බැරි වෙලාවත් අපි කවුරු හරි එහේ ගිහින්

උපන්නා නම් ඉවරයි. බුදුරජාණන් වහන්සේ උපන් රට නිසා සමහරු හරි කැමතියිනේ ඉන්දියාවේ ගිහින් ඉපදෙන්න. ඒ දුක්වල කෙළවරක් නැහැ. ඒ අම්මලට බුදුරජාණන් වහන්සේගේ ධර්මයක් කවදාවත් අහන්න ලැබෙන්නේ නැහැ. ඒගොල්ලෝ අත් දෙක උස්සලා කියන්නේ 'භගවාන්...!' කියලයි. ඒ කියන්නේ 'අනේ දෙවියනේ...' කියලා. ඕච්චර තමයි තියෙන්නේ.

ඉතින් ඒ ඔක්කොමගෙන්ම බේරිලා අපි මේ ඉන්න වෙලාව. හැමදාම මේ විදිහේ අවස්ථාවක් ලැබෙන්නේ නැහැ. මේ අවස්ථාව ලැබිලත් කී දෙනෙක් කාමයන් නිසා කොච්චර දුක් විඳිනවාද? ඉතින් අපි තේරුම් ගන්න ඕන, මේ කාමයන් නිසා ඇතිවන ආදීනවයන් ගැන. ආදීනව දැකීමෙන් තමයි කාමයන් අත්හරින්නට පුළුවන්කම ලැබෙන්නේ.

ඉතින් ඒ විදිහට කෙනෙක් බොහොම මහන්සි වෙලා හරි හම්බ කරගන්නවා. සල්ලි බාගෙ ටිකක් හොයා ගන්නවා. කුඹුරු වපුරනවා. ටික දවසකින් ඔන්න පැවිල්ල එනවා. සම්පූර්ණයෙන්ම කුඹුරු ටික මැරිලා යනවා. ආයෙමත් කුඹුරු වපුරනවා. ඔන්න ගංවතුරක් එනවා. කුඹුරු ටික සම්පූර්ණයෙන්ම විනාශ වෙලා යනවා. ඊට පස්සේ 'අනේ මගේ මහන්සියට වෙච්ච දේ' කියලා අඬන්න ගන්නවා. ඒත් කාමයන්ගෙන් ආදීනව තමයි.

කාමයන් අත්හැරීමට වාසනාවක් ඕන...

මතකද, 'අපේ බුදු සමිඳු තවම වැඩ වෙසෙති' පොතේ මේ වගේ සිද්ධියක් තියෙනවා. ගොවියෙක් කුඹුරක් වපුරනවා. බුදුරජාණන් වහන්සේ කියලා කියන්නේ අනාගතය දකින කෙනෙක්. උන්වහන්සේ හැමදාම ගිහින්

ඒ ගොවියත් එක්ක කතා කරනවා. දැන් ගොවියා හිතන් ඉන්නේ බුදුරජාණන් වහන්සේ තමන්ගේ යාළුවෙක් කියලයි. තමන්ව බේරගන්න ඇවිත් තියෙන ශාස්තෘන් වහන්සේ බව එයා දන්නේ නැහැ. කුඹුර කපන්න කලින් දවසෙත් බුදුරජාණන් වහන්සේ වැඩියා. වැඩලා ඇහුවා "කොහොමද කුඹුර...?" "දැන් නම් බොහොම සරුවට රත්තරන් පාටට කරල් පැහිල තියෙනවා. හෙට අස්වනු කපන්නයි ඉන්නේ" කියලා කිව්වා.

එයා එදා ගෙදර ගිහින් කියනවා "කුඹුර හොඳට පැහිලා තියෙන්නේ. ඉස්සර වෙලාම ගන්න අස්වැන්නෙන් දානෙ පොඩ්ඩක් හදලා අපේ මිත්‍රයාට පූජා කරන්න ඕන." මිත්‍රයා කියලා කිව්වේ බුදුරජාණන් වහන්සේට. "උන්වහන්සේ හැමදාම මගේ කුඹුර බලන්න ආවා. ඒ නිසා දානෙ ටිකක් දෙන්න ඕන." එදා හවස අහස කලු කරගෙන ආවා. රෑ තිස්සේ ධාරාණිපාත වැස්සක් ඇදගෙන වැටුණා. පාන්දර වෙද්දී මෙයා කුඹුර ළඟට දුවගෙන ගියා. කුඹුර නැහැ. තියෙන්නේ වැවක්. ඒ තමයි එයාගේ සම්පූර්ණ දේපළ. එයා පපුවට ගහගෙන විලාප දිදී එතැනම කෙහෙල් කඳක් වගේ කඩාගෙන වැටුණා. බුදුරජාණන් වහන්සේ ඒ වෙලාවේදී එතැනට වැඩියා. උන්වහන්සේ ගොවියාට ධර්ම දේශනා කරලා චතුරාර්ය සත්‍යය ධර්මය අවබෝධ කෙරෙව්වා.

නොනිදා විඳි දුක් කුමක් නිසාද...?

බලන්න, කාමයන්ගේ ආදීනව කියන්නේ ඒවාට තමයි. බුදුරජාණන් වහන්සේ පිහිටට ආව නිසා ඒ බව තේරුම් අරගෙන කාමයන් ගෙන් මිදෙන්න එයාට වාසනාව තිබුණා. ඒ වගේ දේවල් අදටත් වෙනවා නේද?

ඔන්න ව්‍යාපාරයක් පටන් ගන්නවා. ටික දවසකදී ඒක බංකොලොත් වෙනවා. ඉතින් හිතට සැනසිල්ලක් නැහැ. අන්තිමේදී මත්පැන් බොන්න පුරුදු වෙනවා. ඊළඟට පාප මිත්‍ර ආශ්‍රයට වැටෙනවා. අන්තිමේදී කොහෙන් නතර වෙනවද කියලා තමන්වත් දන්නේ නැහැ.

සමහර අයට ඔන්න හරියනවා. ව්‍යාපාර දියුණු වෙලා සල්ලි හම්බ වෙනවා. ඊළඟට ඒගොල්ලන්ට තියෙන ප්‍රශ්නය සල්ලි පරිස්සම් කරගන්න එකයි. ඉතින් නින්දක් නැහැ. පරිස්සම් කරන දුක. ඒකත් කාමයන්ගේ ආදීනවයක් තමයි.

පින් සිද්ධ වෙයි රත්තරන් කරඬු එපා...!

එක නෝනා කෙනෙක් ලෑස්ති වුණා එයා ළඟ තියෙන රත්තරන් බඩු ඔක්කොම දාලා පොඩි කරඬුවක් හදලා මට පූජා කරන්න. මං කිව්වා "පින් සිද්ධ වෙයි එපා..!" කියලා. ඒ නිසා දැන් මම ප්‍රශ්නයක් නැතුව ඉන්නවා. එතුමියගේ ප්‍රශ්නය මගේ ඇඟේ ගහන්න තමයි ඒ හදන්නේ. මම කිව්වා "මං දැන් කරදරයක් නැතුව ඉන්නවා. කරදරයක් නැතුව නිදාගන්නවා. කරදරයක් නැතුව ඇහැරෙනවා. කරදරයක් නැතුව ඇවිදිනවා. ගමන් බිමන් යනවා. ඔය වගේ කරඬුවක් මට දීපු ගමන් ඒක මට කරදරයක්..."

ඊට පස්සේ මගේ හිතට කරදරයක්නේ. කවුරු නොදන්නවා වුණත් මං දන්නවා නෙව ඒ කාරණය. මං දන්නවානේ අසවල් දේ අතන තියෙනවා කියලා. ඊට පස්සේ මනුස්සයෙක් වන්දනාවකට ධාතු මන්දිරයට ගොඩවුණත් හිතේ සැකේ. ඒ නිසා මම මුලින්ම එපා කියලා කිව්වා. අන්න එහෙමයි නුවණ පාවිච්චි කරන්නේ.

හැමතැනම පේන්නේ කාමයේ ආදීනව නේද...?

අපට යමක් කමක් තියෙනවා නම් ගෙදර ඉන්න භයයි නේද? එතකොට බියෙන්, සැකෙන්, තැති ගැනීමෙන්, ශෝකයෙන් තමයි ඉන්න වෙන්නේ. ඒක තමයි කාමයන්ගේ ආදීනවය. මොකවත් නැත්නම් සැනසිල්ලේ ඉන්න පුළුවන් වෙනවා. තියෙන කෙනා හොඳට පරිස්සම් කරගෙන ඉන්නවා. ඔන්න ආණ්ඩුවෙන් ගන්නවා. එහෙම නැත්නම් හොරු අරගන්නවා. එහෙම නැත්නම් ගින්නට පිච්චෙනවා. එහෙම නැත්නම් ගංවතුරකට ගහගෙන යනවා. නැත්නම් තමන්ගේ ඥාතීන්, දූ දරුවෝ බලෙන්ම අරගන්නවා. ඊට පස්සේ මෙයා අඬන්න ගන්නවා. ශෝක කරන්න ගන්නවා. "අනේ මගේ දේපල... මං මහන්සියෙන් හරිහම්බු කරපු දේවල් මට දැන් නැතිවුණා..." කියලා අඬන්න ගන්නවා. ඒකත් කාමයේ ආදීනවයක්.

මේ කාමයන්ගේ ආදීනවයන් අපට සාමාන්‍ය ලෝකයේ පේන්නේ නැද්ද? කාමයන්ගේ ආදීනව හැමතැනම තියෙනවා. සමහර විට අපිත් ඒවා විඳිනවා. බලන්න, මේ බුද්ධ දේශනාවන් සන්දිට්ඨිකයි නේද?

කාමය නිසා නොයෙකුත් අර්බුද...

ඊළඟට බුදුරජාණන් වහන්සේ දේශනා කරනවා, "ඒ කාමයන් හේතුකොට ගෙනම, කාමය නිසාම, කාමය මුල් කරගෙනම ඇතිවෙන ප්‍රශ්න නිසා ආණ්ඩු ආණ්ඩු ගහගන්නවා. මැති ඇමතිවරු ගහ ගන්නවා. වෙළන්දෝ වෙළෙන්දෝ ගහගන්නවා. සිටුවරු සිටුවරු ගහගන්නවා. ගෙවල්වල මිනිස්සු ගහගන්නවා. ඊළඟට අම්මලා පුතාලා

රණ්ඩු වෙනවා. තාත්තලා පුතාලා රණ්ඩු වෙනවා. පුතාලා අම්මලත් එක්ක, පුතාලා තාත්තලත් එක්ක රණ්ඩු වෙනවා. නෑදෑයෝ නෑදෑයෝ රණ්ඩු වෙනවා. මේ ඔක්කොම රණ්ඩු දබර දුර දිග යනවා. දුර දිග ගියාට පස්සේ ගල්වලින් ගහගන්නවා. පොලු වලින් ගහගන්නවා. අවි ආයුධවලින් ගහගන්නවා. මරා ගන්නවා. අන්තිමේදී මේ ඔක්කොම මරණයට පත්වෙනවා."

එහෙම නම් අපට පැහැදිලිව පේනවා, මේ සමාජය තුළ තියෙන දේ කාමයේ ආදීනවයි. මේ සමාජය තුළ කාමයන්ගේ ආදීනවයන්ගෙන් පිට දෙයක් පේන්නේ නැහැ.

ඇයි මේ යුධ කෝලහාල...?

මේ කාමයන් නිසාම, යුධ ඇඳුම් ඇඳගෙන, දුනු ඊතල දරාගෙන යුද්දෙට යනවලු. යුද්දෙට ගිහින් අතපය කපා ගන්නවලු. මැරෙනවලු. මාරාන්තික දුක් දොම්නස්වලට භාජනය වෙනවලු. ඒකත් කාමය නිසාමයි. දැන් බලන්න, අද අපේ සමාජය තුළ තියෙන්නෙත් මේ තත්වයම නේද? කාමයන්ම හේතු කරගත්තු කාමයේ ආදීනව නිසා තමයි යුද්ධ ඇතිවෙන්නෙත්.

කාමය නිසාම ඒ අය කණ්ඩායම් වශයෙන් බෙදිලා යුද්ධ කර ගන්නවා. ඊළඟට කණ්ඩායම් වශයෙන් එකතු වෙලා ගම් පහරනවා. කාමයන් නිසා හන්දිවල රැකලා ඉඳලා හොරකම් කරනවා. කාමය හේතු කරගෙන සතුන් මරනවා. කාමය නිසාම පරදාර සේවනය කරනවා. කාමයම හේතු කරගෙන නොයෙක් ආකාරයේ අකටයුතුකම් කරනවා. අන්තිමට කාමය නිසාම නොයෙක් ආකාරයේ දඬුවම්වලට භාජනය වෙනවා. මෙහි ඒ දඬුවම් ගැන පෙන්වා දීලා තියෙනවා.

මතකද, කාමයේ රුදුරු සෙවණැලි...?

අපි දන්නවා, කාමයන් නිසා මේ රටේ ප්‍රසිද්ධ වූ දඬුවමක් තියෙනවා. ඒකට කියන්නේ 'ධර්ම චක්‍ර දඬුවම' කියලයි. මතකද ඒක? පසුගිය 88-89 කාලයේ ලැබුණු දඬුවමක්. ධර්මචක්‍ර දඬුවම ඒ වකවානුවේ ලැබිලා තිබුණා. ධර්ම චක්‍රයේ දානවා කියලා කියන්නේ හරස් අතට පොල්ලක් තියලා, කඳ දෙකට නවලා ඔළුව එක පැත්තකට දාලා, කකුල් දෙක අනිත් පැත්තට දාලා ගැට ගහනවා. ඊට පස්සේ යටින් ගිනි ගොඩක් ගහනවා. ගහලා මේ පොල්ල කරකවනවා. ඒක තමයි ධර්ම චක්‍ර දඬුවම. බලන්න, මේ රටේ තිබුණු දේවල්. ඒ දඬුවමට ඒ නම දැම්මේ ඒක හාමුදුරුවන්ට කළ නිසයි. ඒ ඔක්කොම කාමයන්ගේ ආදීනවයන් තමයි.

මට මතකයි, විනාකිරි බිස්නස් කරන එක මහත්තයෙක් හිටියා. එයා අලුතෙන් ලොරියක් අරගෙන, සේවකයෙක් අරගෙන අනුරාධපුරේට ගිහිල්ලා, පොළොන්නරුවටත් ගිහිල්ලා, මඩකලපුවටත් ගියා. අන්තිමට ලොරියත් නැහැ. ගිය අයගේ අතපය මහපාරේ තිබුණා.

කාමය අත්හැරියා නම් බේරෙනවා නේද...?

සේරුවිල පැත්තේ එක සිද්ධියක් වුණා. එක පවුලක් කුඹුරක් හොඳින් වවාගෙන හිටියා. මේ කාලයේදී කොටි ගහන්න පටන් ගත්තා. ඒ වෙලාවේ අම්මා, තාත්තට කිව්වා දැන් මැරුම් කන්නේ නැතුව මේවා අත්හැරලා ඉක්මණට අපි බේරිලා යමු කියලා. තාත්තා කිව්වා "බෑ... බෑ... එහෙම කොහොමද මෙච්චර කාලයක් අපි මහන්සි වෙලා වියදම් කරගෙන මේ කුඹුර හදාගත්තේ. හදාගත්තු දේ දාලා යන්න බෑ..." පුතත් තාත්තට කිව්වා "තාත්තේ

අපි ඉක්මණට බේරිලා පැනගනිමු" කියලා. නමුත් තාත්තා කුඹුර අත්හැරලා එන්න කැමති වුණේ නැහැ. අම්මයි, පුතයි විතරක් වෙන දිහාවකට පැන ගත්තා. ටික වේලාවකින් ගමට ආපු නන්නාඳුනන මිනිසුන් මන්න අරගෙන, ඒ ගමේ අයව කපලා කොටලා මරලා දැම්මා. බලන්න, කාමයන්ගේ ආදීනව නෙවෙයිද මේ? එදා කුඹුර ගැන හිතන්නෙ නැතුව, ඒ කාමය අත්හැරියා නම් එයා බේරෙනවා.

ඊළඟට ඒ විදිහට නොයෙක් ආකාරයේ දඬුවම්වලට භාජනය වෙලා අන්තිමට කාමයන්ගේ ආදීනව ලැබෙනවා. කාමය නිසාම, කාමය හේතු කොටගෙන, කාමයටම මුලාවෙලා කයින් දුසිරිතේ යෙදෙනවා. කාමයන්ටම මුලාවෙලා වචනයෙන් දුසිරිතේ යෙදෙනවා. කාමයටම මුලාවෙලා මනසින් දුසිරිතේ යෙදෙනවා. කයින්, වචනයෙන්, මනසින් දුසිරිතේ යෙදිලා කය බිඳිලා මරණින් මත්තේ නිරයේ ගිහින් උපදිනවා. ඒකත් කාමයේ ආදීනවයක්.

නොදන්නා පැත්තක් ගැන දන්නා දෙයක්...

කාමයේ ආදීනව ගැන සාමාන්‍ය මිනිස්සු නොදන්න පැත්තක් මම කියන්නම්. ඒක බුද්ධ දේශනාවල සඳහන් වෙන දෙයක්. මේ පින්වතුන් දැකලා ඇති, චිත්‍රපටි හෝල්වල ඉස්සරහා දෙමව්පියන්ට දරුවොත් එක්ක බලන්න බැරි ජාතියේ ගැහැණු මිනිසුන්ගේ පින්තූර ගහලා තියෙනවා. පාරෙ බැහැලා යන්න බැරි ජාතියේ. ඒ වගේ සාමාන්‍ය මනුෂ්‍යයාගේ මනස අවුස්සන, ඒ පින්තූරවල රඟපාපු සියලු දෙනාම විශාල අකුසලයක් කරගත්තේ.

ඒකට හේතුව ලෝභය යම් සිතක පහළ වෙන්නේ මනුෂ්‍යයාට යහපත පිණිස නෙවෙයි. ද්වේෂය හිතක

පහළ වෙන්නේ මනුෂ්‍යයාගේ යහපතට නෙවෙයි. මෝහය හිතක පහළ වෙන්නේ මනුෂ්‍යයාගේ යහපතට නෙවෙයි. අර ජාතියේ චිත්‍රපටිවලට සම්බන්ධ උදවිය ඒ යහපත පිණිස නොවෙන දෙයක් සිත්වල ඇති කරවනවා. ඒ සියලු දෙනාම බොහෝ අකුසල් සිදු කරන අය. මනුෂ්‍ය ලෝකයට කොයි කාලයේ එන්න හම්බවෙයිද කියලා කියන්න බැහැ. අන්න ඒකයි මේ කාමයන්ගේ ස්වභාවය. කාමයන්ගේ ආදීනව ඒ විදිහයි.

ආදීනව සිහිකරන්නේ නැතුව විරාගයක් ඇතිවෙන්නේ නෑ...

ඉතින් බුදුරජාණන් වහන්සේ කාමයන්ගේ ආදීනව මේ විදිහට තියෙනවා කියලා, කාමයන් ගැන පෙන්වා දීලා, කාමයන්ගෙන් වෙන් වෙන්නේ කොහොමද කියලා කියනවා. කාමයන්ගේ ලෝභය ප්‍රහාණය කරන කෙනෙක් කාමයන්ගේ ආදීනවම සිහිකරන්න ඕන. ආදීනව සිහි කරන්නේ නැතුව හිතේ විරාගයක් ඇතිවෙන්නේ නැහැ.

බුදුරජාණන් වහන්සේ දේශනා කළා, කාමයන්ගේ ආදීනව සිහිකරලා රත්තරන් භාජනවල කෑම කාපු රජවරු, සිටුවරු, රත්තරන් සෙරෙප්පු දාපු අය, ඒ ඔක්කොම අත්හැරලා දාලා බුද්ධ ශාසනයේ පැවිදි වෙලා නිවන් දකිනවා. කාමයේ ආදීනව සිහිකරන්න බැරි අය කබල් ගෙදර, තැටි කබලේ කාලා, කබල් නෝනව අත්හරින්න බැරිව ඉන්නවා. ඒවයේ හිරවෙලා වාසය කරනවා. ඒකෙන් පේන්නේ කාමයේ ආදීනව සිහිකරගන්න බැරිකමයි.

ගැලවෙන්න තියෙන එකම ක්‍රමය...

දඹරන් පිළිමෙකට ආස කරපු ස්වාමීන් වහන්සේ

නමකගේ පන්සලට හොරු ඇවිල්ලා පිළිමය කඩලා දඹරන් පිළිමය ගත්තේ ඒ හාමුදුරුවෝ මරලා දාලයි. කාමයන්ගේ ආදීනව නෙවෙයිද ඒ? අන්න ඒ නිසා තමයි බුදුරජාණන් වහන්සේගේ ශ්‍රාවකයා කාමයන්ගේ ආදීනව ගැන නුවණින් සලකලා, ඒ ඔක්කොම අත්හැරලා කාමයන්ගෙන් නිදහස් වෙන්නේ. අන්න එයාට විතරයි මේකෙන් ගැලවිලා යන්න පුළුවන්කම තියෙන්නේ.

අපි දන්නවා, අදත් කැළෑවල්වල, ගල්ලෙන්වල පිණ්ඩපාතයෙන් යැපෙමින් හාමුදුරුවරු වාසය කරනවා කියලා. සල්ලි බාගෙ තියාගෙන එහෙම ඉන්න බැහැනේ. මොකද, හොරු ඇවිත් ගහලා ගන්නවා. අන්න දැක්කද කාමයන් නැති නිසා නිදහසේ ඉන්න හැටි? මම දන්නවා, සමහර කැලෑවල හාමුදුරුවරු ඉන්නවා කිලෝමීටර් දෙකක් තුනක් ඇතුළට වෙන්න. කවුරුවත් ළඟට එන්නේ නැහැ. මොකද, එයා කාමයන්ගෙන් වෙන් වූ කෙනෙක් නිසා. ඒ ස්වාමීන් වහන්සේලා පිණ්ඩපාතෙ කරගෙන ඇවිත් බණ භාවනා කරගෙන ඉන්නවා.

ඒ විදිහට කාමයන්ට ආස කරන කෙනා හැම තිස්සේම සැකෙන් බියෙන් වාසය කරන්නේ. නින්ද යන්නේ නැහැ. යන්තම් සද්දයක් ඇහුණත් නොයෙක් විදිහේ තැතිගැනීම් එනවා. භය එනවා. ඒ ඔක්කොම කාමයන්ගේ ආදීනව තමයි.

විමුක්තියක් පතා මිථ්‍යා වෑයම්...

ඉතින් බුදුරජාණන් වහන්සේ මහානාම ශාක්‍යයාට වදාරනවා, "මහානාම, එක දවසක් මම ගිජ්ඣකූට පර්වතයේ වැඩවෙසෙන කාලයේ, ඉසිගිලි පර්වතය ගාව පැතලි ගල්තලාවේ නිගණ්ඨයෝ ගොඩක් ආසන

ප්‍රතික්ෂේප කරමින් ගිනි ගොඩවල් ගහගෙන දුක් විඳින හැටි දැක්කා." ඉතින් මම ඒ නිගණ්ඨයෝ ළඟට ගිහින් ඇහුවා,

"නිගණ්ඨයිනි, මොකද ඔය ශරීරයට ඔච්චර දුක් දෙන්නේ?"

"භවත්නි, අපගේ ශාස්තෘන් වහන්සේ වන නිගණ්ඨනාථපුත්ත සර්වඥයි. ඒ නිගණ්ඨනාථපුත්තට නැගිටලා ඉන්න කොට, නිදාගෙන ඉන්න කොට, ඇවිදින කොට, ඤාණය තියෙනවා. ඔහු තමයි අපට කියලා දුන්නේ අපි ඉස්සර පව් කරපු අය කියලා. ඒ නිසා මේ ජීවිතයේදී පුළුවන් තරම් ශරීරයට දුක් දෙන්න කියලා කිව්වා. ඒ නිසා අපි මේ ජීවිතයේදී කයින් සංවර වෙනවා. වචනෙන් සංවර වෙනවා. මනසින් සංවර වෙනවා. ඊට පස්සේ අනාගත කර්ම රැස්වෙන්නේ නැහැ. එතකොට පැරණි කර්ම, දුක් දීලා, දුක් දීලා තපසින් නැති කරලා දාලා, අනාගත කර්ම රැස් නොකරන කොට කර්ම ක්ෂය වෙලා යනවා. කර්මය ක්ෂය වීමෙන් දුක් ක්ෂය වෙනවා. දුක් ක්ෂය වීමෙන් වේදනා ක්ෂය වෙනවා. වේදනා ක්ෂය වීමෙන් සියලු දුක් නැතිවෙලා යන බව අපට ඉගැන්නුවා. අපි ඒ ධර්මයට බොහොම කැමතියි."

නිගණ්ඨයෝ ගැන කියන්න තියෙන්නේ මෙච්චරයි...

බලන්න, නිගණ්ඨනාථපුත්තගේ ශ්‍රාවකයින් පිළිතුරු දෙන පිළිවෙල. ඒගොල්ලෝ උත්තර දෙන්නේ ප්‍රශ්නයක් අහන්න බැරිවෙන විදිහටයි. බුදුරජාණන් වහන්සේ ඒ අයගෙන් ඊළඟට අහනවා,

"හොඳයි! තමුන්නාන්සේලා දන්නවද අතීත සංසාරයෙදී කර්ම කළ බව හෝ නොකළ බව...?"

"දන්නේ නැහැ."

"හරි! දැන් තපස් කරලා, ඉස්සර ජාතිවල කරපු මේ මේ පාප කර්ම ගෙවිලා ඉවරයි. තව මේ මේ පාප කර්ම ගෙවෙන්න තියෙනවා කියලා දන්නවද?"

"ඒ දන්නෙත් නැහැ."

"එහෙම නම් කරන්න දෙයක් නැහැ. නිගණ්ඨයින් ගැන මෙච්චරයි කියන්න තියෙන්නේ. සංසාරයේ පව් කරපු අය මනුස්ස ලෝකයේ ඉපදිලා දැන් නිගණ්ඨයෝ වෙලා ඉන්නවා."

"එහෙම කියන්න එපා! සැපයෙන් කවදාවත් සැප ලබන්න බැහැ. දුකෙන් තමයි සැප ලබන්න පුළුවන්කම තියෙන්නේ. දුක් විඳලා තමයි සැප ලබන්නේ. සැපයෙන් සැප ලැබෙනවා නම් එහෙම නම් බිම්බිසාර රජ්ජුරුවෝ තමයි සැපසේ වාසය කරන කෙනා වෙන්නේ."

ඒකාන්ත සැපයෙන් දවස් හතක්...

දැන් මේ අය බුදුරජාණන් වහන්සේටත් අභියෝග කරනවා, බුදුරජාණන් වහන්සේට වඩා සැපයෙන් වාසය කරන කෙනෙක් තමයි බිම්බිසාර රජතුමා කියලා. එහෙම කියන්නේ ඔහුට සැප සම්පත් තියෙන නිසා. නිගණ්ඨයින් විසින් තමයි බුදුරජාණන් වහන්සේට මෙහෙම කියන්නේ. බුදුරජාණන් වහන්සේ පිළිතුරු දෙනවා,

"ඇවැත් නිගණ්ඨයෙනි, බිම්බිසාර රජ්ජුරුවන්ට පුළුවන්ද කය සොලවන්නේ නැතුව වචන කතා කරන්නේ නැතුව දවස් හතක් ඒකාන්ත සැපයෙන් වාසය කරන්න...?"

"බැහැ..."

"කය සොලවන්නේ නැතුව, වචන කතා කරන්නේ නැතුව ඒකාන්ත සැපයෙන් දවස් හයක් වාසය කරන්න බිම්බිසාර රජතුමාට පුළුවන්ද?"

"බැහැ..."

"දවස් පහක් පුළුවන්ද?"

"ඒත් බෑ..."

"දවස් හතරක්...?"

"ඒත් බෑ..."

"දවස් තුනක්... දෙකක්...?"

"බෑ..."

"එක දවසක් කය සොලවන්නේ නැතුව, වචන කතා කරන්නේ නැතුව ඉන්න බිම්බිසාර රජතුමාට පුළුවන්ද?"

"ඒත් බෑ..."

ධර්මයෙන් පිට වෙන සැපක් කොයින්ද...?

"ඒ වුණාට නිගණ්ඨයෙනි, තථාගතයින් වහන්සේට පුළුවන් කය සොලවන්නෙ නැතුව, එක වචනයක්වත් කතා කරන්නේ නැතුව දවස් හතක් ඒකාන්ත සැපයෙන් වාසය කරන්න. දවස් හයක් පුළුවන්... පහක් පුළුවන්... දවස් හතරක් පුළුවන්... තුනක් පුළුවන්... දෙකක් පුළුවන්. .. එක දවසකුත් ඒ විදිහට සැපසේ වාසය කරන්න පුළුවන්... එහෙම නම් දැන් කියන්න සැපසේ වාසය කරන කෙනා කවුද?"

"දැන් අපට තේරෙනවා, ශ්‍රමණ ගෞතමයින් තමයි සැපසේ වාසය කරන්නේ..."

අන්තිමට නිගණ්ඨනාථපුත්ත ශ්‍රාවයකන්ගේ කටින්ම කියවුණා බුදුරජාණන් වහන්සේ තමයි සැපෙන් වාසය කරන කෙනා කියලා. නමුත් ඒගොල්ලන්ගේ හිත පෙළඹුණේ නැහැ, ඒ සැපය තමන්ට ලබාගන්න. මේ ධර්මය අනුගමනය කරන්නේ කොහොමද කියලා දැනගන්න ඒ අයගේ හිත පෙළඹුණේ නැහැ.

අකුසල් තුනක් කළ විපතක මහතක්...

බුදුරජාණන් වහන්සේ මේ දේශනය කළේ මහානාම ශාක්‍ය කුමාරයාටයි. මේ විස්තරය දේශනා කළේ කුමක් අරභයාද කියලා ඔබට මතකද? ලෝභ, ද්වේෂ, මෝහ කියලා කියන්නේ සිත කෙලෙසන දේවල්ය කියලා බුදුරජාණන් වහන්සේ දේශනා කරද්දිත්, මෙයාගේ හිත සමහර දවස්වලට ලෝභයෙන් පීඩා විඳිනවා. මෝහයෙන් පීඩා විඳිනවා. ද්වේෂයෙන් පීඩා විඳිනවා. ඒ නිසා මේ ලෝභ, ද්වේෂ, මෝහ ප්‍රහාණය කරන ධර්මයක් තියෙනවද කියලා අහපු ප්‍රශ්නය නිසා තමයි මේ පොඩි දේශනය සිදුවුණේ.

එතකොට බුදුරජාණන් වහන්සේගේ පිළිතුර වුණේ මේ ලෝභ, ද්වේෂ, මෝහ කියන තුනම ප්‍රහාණය කිරීමෙන්ම තමයි මේකෙන් නිදහස් වෙන්න තියෙන්නේ කියලයි. ඒ වගේම ලෝභ, ද්වේෂ, මෝහ තියෙන නිසා තමයි මේ ගෙවල්වලට වෙලා ඉන්නේ.

ඒ වගේම ලෝභ, ද්වේෂ, මෝහ තියෙන නිසාම තමයි පැවිදි වෙන යන අය ආපහු ගෙවල්වලට යන්නෙත්.

ලෝභ, ද්වේෂ, මෝහ නොතිබුණා නම් කැලෑවට ගිහිල්ලා බණක් භාවනාවක් කරගෙන සැනසිල්លේ වාසය කරනවා. ලෝභ, ද්වේෂ, මෝහ නිසා මේ සත්වයා කොච්චර දුක් විඳිනවද? දුක් විඳින සියලු ප්‍රශ්නවල මුල, එක්කෝ ලෝභය, එක්කෝ ද්වේෂය, එක්කෝ මෝහය. අකුසලයේ මුල තමයි මේ තුන.

මිහිරි අග ඇති විෂ මුල්...

ද්වේෂය ගැන බුදුරජාණන් වහන්සේ පෙන්නුවේ මිහිරි අග තියෙන විෂ මුල් තියෙන ගහක් කියලයි. විස මුල් තියෙන ගහ පෝෂණය වෙන්නේ ඒ විෂ මුල්වලින්. ඒ වගේ ද්වේෂයෙන් තමයි පෝෂණය වෙන්නේ. මිහිරි අග කියලා කියන්නේ ඒකෙන් සතුටු වෙනවා. සතුටු වෙන්නේ පළිඅරගෙනයි. පළිඅරගෙන සතුටු වෙන්නේ ද්වේෂයෙන් පෝෂණය වෙන නිසයි. මෝහයට කියන්නේ සම්පූර්ණයෙන් කළුවර කියලයි.

එතකොට අපේ සිත්වල මේ ලක්ෂණ තියෙන තාක් කල් අපේ ඉදිරි ජීවිත මොනව වෙයිද? මේ ජීවිතේ කොහොම හරි පිරිමසාගෙන ආවා කියමු. නමුත් මේ සංසාරයේ ඉදිරි ජීවිත යන්න වෙන්නේ මේ රාග, ද්වේෂ, මෝහ එක්ක නේද? එහෙම නම් අපි දන්නේ නැහැ, කොහේ යයිද කියලා. තිරිසන් සතෙක් ගනිමු. ඒ සතා තුළ තියෙන්නේ ලෝභ, ද්වේෂ, මෝහ මිසක් විරාගයක් නෙවෙයි. දෙවියෙක්, බඹෙක් ගත්තත් ලෝභ, ද්වේෂ, මෝහ තමයි තියෙන්නේ. ලෝභ, ද්වේෂ, මෝහ ප්‍රහාණය කළා නම් ඒ රහතන් වහන්සේ නමක් පමණයි. ඒ නිසා නුවණ තියෙන කෙනා ලෝභ, ද්වේෂ, මෝහවල ආදීනව සිහිකරන්න ඕන.

ද්වේෂයෙන් සතුටු වුණොත් අහිමි වෙන්නේ සතුටමයි...

එක නෝනා කෙනෙකුයි, මහත්තයෙකුයි දෙන්න ජන්මාන්තර වෛරයකින් හිටියා. මම අන්තිමට කිව්වා, "ඔය ද්වේෂය අත්හරින්න. ඔය ද්වේෂය ඉදිරියට ගෙනියන්න එපා!" කියලා. කොච්චර කිව්වත් ඇහුම්කන් දුන්නේ නැහැ. පළිගන්නමයි කල්පනාව. මේ කසාද බඳිද්දී බොහොම හොඳට පොරොන්දම් බලලා නැකතට පෝරුවේ නැගපු අය. දැන් නයයි, පොළඟයි වගේ. මම කිව්වා "මේ ද්වේෂය තමයි ජීවිතයට හානිකරම දේ. ඒ නිසා ඔය ද්වේෂය අත්හරින්න. ද්වේෂ කරන්න එපා!" කියලා. කොච්චර කිව්වත් අහන්නේ නැහැ. ඒකෙන් තමයි සතුටු වෙන්නේ. මොකද මිහිරි අග නිසා. විෂමුල් තියෙන මිහිරි අග තියෙන ගහක්. අර මිහිරි අග දිහා බල බල සතුටු වන්නේ ද්වේෂයෙන් පෝෂණය වෙවී. අන්න එහෙමයි මේ ද්වේෂය පවතින්නේ.

ලෝභය අකුසල මූලයක්. ද්වේෂය අකුසල මූලයක්. මෝහය අකුසල මූලයක් කියලා තේරුම් ගත්ත කෙනා තමන් ලෝභයෙන් පීඩා විඳින කොට, තමන් ද්වේෂයෙන් පීඩා විඳින කොට, තමන් මෝහයෙන් පීඩා විඳින කොට, අඩු තරමින් මහානාම ශාක්‍ය කුමාරයා හිතපු විදිහටවත් හිතන්න ඕන.

අපට ප්‍රහාණය කරන්න ඕන මොකකින්ද කියන ප්‍රශ්නය එන්නේ නැහැ. බුදුරජාණන් වහන්සේ කියලා දුන්නු විදිහට අපි දන්නවා ලෝභ, ද්වේෂ, මෝහමයි ප්‍රහාණය කළ යුත්තේ. මේ ලෝභ, ද්වේෂ, මෝහ ප්‍රහාණය කරන්නේ කවදාද කියලා තමයි අපට හිතන්න තියෙන්නේ. මොකද,

ලෝභ නැති හිත තමයි ලෝකයේ තියෙන සතුටුදායක හිත. ද්වේෂය නැති, මෝහය නැති හිත තමයි ලෝකයේ තියෙන සැහැල්ලුම හිත.

මෙන්න ලොවට තිළිණ වූ සැබෑ සතුට...

ඔබට මතකද ථේර ථේරී ගාථාවල සඳහන් වෙනවා එක රජකෙනෙක් ගැන? ඒ රජතුමා පස්සේ මහණ වෙලා රහත් වෙනවා. ඒ රජ්ජුරුවෝ ඉස්සර ගිහි ජීවිතය ගත කරන කාලයේ වටේට ප්‍රාකාර බැඳලා ආයුධ ගත්තු සේවකයෝ ආරක්ෂාව සපයද්දීත් මහා භයකින්, තැති ගැනීමකින් තමයි හිටියේ. "දැන් මම ඒ කිසිම දෙයක් නැතුව හරි සන්තෝෂයෙන් වාසය කරන්නේ..." කියලා භද්දිය තෙරුන්ගේ ගාථාවේ විස්තර වෙනවා.

සමහර තැන්වල රහතන් වහන්සේලා දේශනා කරනවා, 'මම රත්තරන් භාජනයේ අනුභව කරපු කෙනෙක්. නමුත් දැන් මම මැටි පාත්තරේ අතට ගත්තා. මේක තමයි මගේ දෙවෙනි ඔටුණු පැළඳවීම' කියලා. අන්න බලන්න, ඒ තරම් සතුටක්, සොම්නසක් වෙනත් නැහැ. එහෙම නම් බුදුරජාණන් වහන්සේ පමණයි මේ ලෝකයේ මනුෂ්‍යයින්ට සැබෑ සතුට දීලා තියෙන්නේ.

දුක කතා නොකර සතුටු වෙන්න බෑ...

නමුත් අද වෙනකොට බෞද්ධ සමාජය කියන්නේ බුදුරජාණන් වහන්සේගේ ධර්මයේ කතා කරලා තියෙන්නේ දුක ගැනමයි කියලයි. එතකොට ඒ අය කියන්නේ අද තියෙන මේ තියෙන දේවල් සතුටු වෙන්න පුළුවන් දේවල් කියලද? සතුට ගැන කතා කරද්දී චිත්‍රපටි හෝල්, හෝටල් වලින් සතුටු වුණු පිරිසක් ඉන්නවද? ඒ වගේම

රූපවාහිනියේ කියන්නේ 'අරක ගන්න... මේක ගන්න... අරක කන්න... මේක කන්න... අරක බොන්න... මේක බොන්න... අරක අඳින්න... මේක අඳින්න...' කියලනේ. නමුත් සතුටු වුණු පිරිසක් ඉන්නවද?

එහෙම නම් අපට පැහැදිලිව පේනවා, කවදා හරි දවසක කෙනෙක් සතුටු වුණා නම් ඒ සමාධියක් වඩලා, ප්‍රඥාවක් වඩලා, දුකෙන් නිදහස් වීමෙනුයි. එහෙම නැතුව බොරු දේවල්වලට මුලාවීමෙන් නම් නෙවෙයි. දුක ගැන කතා නොකර නෙවෙයි. දුක ගැන කතා නොකර දුකට හේතුව කතා කරන්න පුළුවන් වෙයිද? ඒ හේතුව දන්නේ නැතුව දුකෙන් නිදහස් වීම ගැන කතා කරන්න පුළුවන් වෙයිද? දුකක් නැත්නම් දුක නැතිකරන මාර්ගයක් සොයයිද? නමුත් අද බෞද්ධ සමාජයේ ඇතැම් ස්වාමීන් වහන්සේලා පවා කියන්නේ දුක ගැන කතා නොකර ඉමු කියලනේ.

විරාගී සැපය කරා ක්‍රමයෙන් පිය නගමු...

බුදුරජාණන් වහන්සේ පෙන්වා තියෙනවා, ගිහි සැපයක් තියෙනවා කියලා. නමුත් උන්වහන්සේ කිසිම තැනක ගිහි සැපය අගය කරලා නැහැ. ඒ වගේම නෙක්ඛම්ම සැපයක් තියෙන බව උන්වහන්සේ දේශනා කළා. ඒ කියන්නේ ගිහි ජීවිතය අත්හැරීමෙන් සැපයක් තියෙනවා. ඒක උන්වහන්සේ අගය කරනවා. මොකද, ඒ සැපය එයාට පුළුවන් විරාගී සැපයක් දක්වා වර්ධනය කරන්න.

ගිහි ජීවිතය තුළ සැපයක් තිබුණා නම් මෙතැන වයසක කිසිකෙනෙක් ඉන්න විදිහක් නැහැ. ගිහි ජීවිතයේ

දුකක් තිබුණු නිසා නේද වයසට ගියාට පස්සේ මෙහෙම තැති අරගත්තේ? මේක වැඩක් නැතෙයි කියලා තේරුම් ගත්තේ? ඒ නිසා නේද මේ විදිහට ධර්මයක් සොයාගෙන ඇවිත් තියෙන්නේ? සැපයක් තිබුණා නම් එහෙම නෙවෙයිනේ වෙන්නේ? "මං ගිහි ජීවිතේ ගෙව්වා... මට හොඳට සැප තිබුණා... මට කරදරයක් නැහැ දැන්..." කියලා ගෙදරට වෙලා ඉන්නවා නේද? එහෙම නැතුව වයසට ගිය උදවිය මේ සැපයක් හොයාගෙන යන්නේ පැහැදිලිවම සැපයක් තිබිලා නැති නිසයි. අපි හිතාගෙන හිටිය සැප ගිහි ගෙදර නොතිබුණු නිසයි මේ සැපයක් හොයන්නේ. එහෙම නම් අපි පැහැදිලිවම තේරුම් ගන්න ඕන, සැපයක් අපි අවබෝධ කළ යුතු බව. සැපයක් කරා යා යුතුයි.

මේ ශරීරය අසූචි කළයක්...?

කාමයත් එක්ක පැටලුණාම සිද්ධ කරගන්නා අනතුරු දන්නවා නේද? මාගන්දියා සාමාවතිය ඇතුළු පන්සීයක් දෙනාව පුච්චලා මරලා දාලා ජීවිතයට හානි කරගත්ත හැටි අපි දන්නවා. නමුත් ඒ මැරුණු අයගේ ජීවිතවල්ට හානියක් වුණාද? ඒ අය ජීවිතයේ ඇත්ත අවබෝධ කරගෙනයි මැරුණේ. නමුත් මාගන්දියාට එහෙම සැනසීමක් ලැබුණේ නැහැ.

බුදුරජාණන් වහන්සේ "මේ ශරීරය අසූචි කළයක්..." කියලා කියපු එකට තරහ අරගෙන තමයි ඒ හානිය කරගත්තේ. නමුත් ඇයට ඒකට ද්වේෂය ඇතිකර නොගෙන ඒකෙ ඇත්තක් තියෙනවද කියලා නුවණින් කල්පනා කරන්නට ශක්තියක් තිබුණේ නැහැ. මේ ශරීරය කියන්නේ අසූචි කළයක් බව, අප ඇලුම් කරන්නේ ඒ වගේ දේකට බව තේරුම් ගන්නට බැරිවීම තමයි ප්‍රශ්නය.

සත්‍ය හමුවේ සත්‍යවාදී වෙන්න...

මේ සම්බන්ධයෙන් හොඳ උදාහරණයක් කියන්න පුළුවන්. අචාන් චා ස්වාමීන් වහන්සේ ගැන අහලා තියෙනවා නේද? අචාන් චා ස්වාමීන් වහන්සේ ළඟ බටහිර ජාතිකයෙක් මහණ වුණා. නමුත් මේ ස්වාමීන් වහන්සේට භාවනා කරගන්න බැහැ. ඉතින් එයා අචාන් චා ස්වාමීන් වහන්සේ ළඟට ගිහින් කියනවා,

"මට භාවනා කරන්න බැහැ. මට කිසිදෙයක් කරගන්න බැහැ. මට දැන් යන්න හිතෙනවා."

"ඇයි...?"

"මට මතක් වෙනවා."

"කාවද...?"

"මං යාළුවෙලා හිටපු එක්කෙනා."

"ආ... ඕක බොහොම සුළු දෙයක්. පොඩි වැඩක් තමයි කරන්න තියෙන්නේ. ගෙන්න ගන්න ඒ යාළු වුණු කෙනාගේ අසූචි ටිකක් බෝතලයකට දමලා. භාවනා කරගන්න බැරිව එයාව මතක් වෙන වෙලාවට අර බෝතලේ මූඩිය ඇරලා පොඩ්ඩක් නහයට තියාගන්න. ඔය ප්‍රශ්නය එතැනින්ම ඉවරයි."

කොච්චර ඇත්තක්ද...?

සුද්දා මේ ක්‍රමය පිළිගත්තා. බටහිර ජාතිකයෙකුට ඒක කියපු නිසා අහගෙන ඉඳලා පිළිගත්තා. අපේ එක්කෙනෙකුට ඔය වගේ දෙයක් කිව්ව නම්, එහෙම නම් මට බැන බැන ලියුම් එවයි. "ඒක කොහේ තියෙන ධර්මයක්ද?" කියලා අහයි.

බලන්න, ඒක කොච්චර ඇත්තක්ද? ඒ ඇත්තක්නේ කතා කළේ. ඒ සුද්දත් එක්ක අචාන් චා ස්වාමීන් වහන්සේට ඒ ඇත්ත කතා කරන්න පුළුවන් වුණා. අද බටහිර ලෝකයේ ඉන්නේ කාමයෙන් පිස්සු වැටුණු මිනිස්සු. ඒ අය එක්ක මේවා කතා කරන්න බැරිවෙන්න ඕනනේ එහෙම නම්? නමුත් ඒ මිනිස්සු එක්ක ඇත්තක් කතා කරන්න පුළුවන්. ඒ මිනිස්සු ඒක තේරුම් ගත්තා විතරක් නෙවෙයි, ඒක අගය කරනවා. මට මේ විස්තරේ කිව්වේ සුදු හාමුදුරු නමක්. ඒ අය ඒක අගය කරනවා. 'මේ සිතක තියෙන ප්‍රශ්නවලින් නිදහස් වෙන්න අපට මේ විදිහේ උපදෙස් දුන්නා' කියලා හරිම ඉහළින් ඒ ගැන අපිත් එක්ක කතා කළේ. බලන්න, කොච්චර ඉක්මණට ඒ අය ධර්මය ගන්නවද කියලා. අන්න එතකොට බලන්න, පැහැදිලිවම නුවණින් කල්පනා කරන්න පුළුවන් කෙනා, නුවණින් සිහි කරන්න පුළුවන් කෙනා, නුවණින් තේරුම් ගන්න පුළුවන් කෙනා මේ කාමයන්ගේ ආදීනව සිහි කරන්න දන්නවා.

අපි කියමු, කෙනෙක් ඉන්නවා. එයා කාමයන්ගේ ආදීනව දැකලා නමුත් යුතුකම්වලට හිරවෙලා එකපාරටම අත්හැර ගන්න බැරුව ඉන්නවා. සාමාන්‍යයෙන් අපි දන්නවා, අනිවාර්යයෙන්ම කළ යුතු වෙන යුතුකම් තියෙනවා. අපි ඒ යුතුකම් ඉටුකරන ගමන් පුළුවන් තරම් ධර්මයේම හැසිරෙන්න ඕන.

මේ දහම් මග පටිසෝතගාමියි...

ලෝභ, ද්වේෂ, මෝහ තියාගෙන ගිහි ජීවිතය ගත කරන්න පුළුවන් සෝතාපන්න වූ කෙනෙකුට විතරයි. ලෝභ, ද්වේෂ, මෝහත් එක්ක සකදාගාමී වෙන්න හරි අමාරුයි. සකදාගාමී වෙනවා කියන්නේ ලෝභයයි,

ද්වේෂයි ප්‍රහාණය කරන්න මහන්සි ගන්නවා කියන එකයි. කාමරාග, පටිඝ දෙක ප්‍රහාණය කරන්න මහන්සි ගන්නවා කියන එකයි. ඉතින් එයා දන්නෙම නැතුව ගිහි ජීවිතය තුළ ප්‍රඥාව දියුණු කර ගනිමින් බ්‍රහ්මචාරී කෙනෙක් වෙනවා. අනාගාමී කෙනෙක් නම් මිල මුදල් පරිහරණය කරාවි කියලා හිතන්න බැහැ. එච්චරටම එයාගේ ජීවිතේ විරාගයට පත්වෙනවා.

මිල මුදල්, සම්පත් කෙලින්ම සම්බන්ධ වෙන්නේ කාමයත් එක්ක. කාමයේ ආදීනව දන්න කෙනා මුදල් අත්හරින්න ඕන. මුදල් සම්බන්ධ වෙන්නේ කාමයත් එක්කයි. එහෙම නම් මුදල් පරිහරණය කරමින් අනාගාමී වෙනවා කියන එක සිද්ධ වෙන්න බැහැ. ගිහි ජීවිතය ගත කරමින් කෙනෙක් අනාගාමී වෙනවා නම් එයා මුදල් පරිහරණය නොකරන කෙනෙක් විය යුතුයි. මුදල් පරිහරණය කරන, ගෙවල් දොරවල් හදාගෙන, වතුපිටි වවාගෙන, ගිහි ජීවිත ගතකරන සෝතාපන්න වූ අය නම් ඉන්නවා. නමුත් ඒ අය ඉන්නේ කාමයේ ආදීනව දකිමින්. පටිසෝතගාමී කියන්නේ ඒකයි.

කාම මායාවෙන් මෝහනය වූ ලොවක්...

පටිසෝතගාමී කියන්නේ සාමාන්‍ය කල්පනාවට වඩා විරුද්ධ කල්පනාවක් තිබීමයි. සාමාන්‍යයෙන් සංසාරයට බැඳුණු, සංසාරයේ ගිලුණු, කාම මායාවෙන් මෝහනයට පත් වූ අය තමයි ලෝකයේ ඉන්නේ. ඒ අය අහන්නේ "මෙයා හොඳ රස්සාවක් කරනවා. ලස්සනට ගෙවල් දොරවල් අඹුදරුවෝ ඉන්නවා. ලස්සනට කාලා ඇඳලා ඉන්නවා. මොකක්ද ඔය භාවනා කරන්න යන අමාරුව? භාවනා කරන්න යන්නේ කලකිරිලද?" කියලා.

සාමාන්‍ය ලෝකයා එහෙම අහන්නේ ඒ අයට තේරෙන්නේ නැහැ, මේක ප්‍රතිවිරුද්ධ ගමනක්. පටිසෝතගාමී ගමනක් මේ යන්නේ කියලා. එතකොට ප්‍රතිවිරුද්ධ ගමනක් යන කෙනා දිහා අනෙක් අය බලන්නේ ඉරිසියාවෙන්. ධර්මයේ හැසිරෙන කෙනා දිහා ධර්මයේ නොහැසිරෙන කෙනෙක් බලන්නේ ගෞරවයෙන් නෙවෙයි. ඉරිසියාවෙන් තමයි බලන් ඉන්නේ. චුට්ටක් වරදින කල් බලාගෙන ඉන්නවා පහර ගහන්න. බලන්න, ඒ කාරණය බොරුද කියල? "මොකක්ද ඔය ගොල්ලන්ගේ භාවනාව. භාවනාවෙන් කෝ දැන් ලබපු දියුණුව?" කියලා අහනවා.

මිථ්‍යා දෘෂ්ටික සමාජයක හැටි...

එහෙම වෙන්නේ සාමාන්‍ය ජනතාව සිල් රකින කෙනත් එක්ක ඉරිසියයි. සාමාන්‍ය ජනතාව සමාධිය වඩන කෙනාට ඉරිසියයි. සාමාන්‍ය ජනතාව ප්‍රඥාව දියුණු කරගන්න කෙනත් එක්ක ඉරිසියයි. ඒ නිසා එයාව පල් කරනවා.

මේ වැඩසටහන්වලට සහභාගී වෙන එක නෝනා කෙනෙක් ඉන්නවා. එයා මේ වැඩසටහන්වලට එන්න ඉස්සර වෙලා කන්තෝරුවේ විවේක වෙලාවක් හම්බවුණාම අනෙක් කට්ටියත් එක්ක විහිළු කරනවා, හිනාවෙනවා. දැන් එයා එහෙම නැහැ. දැන් ඉඩක් ලැබුණ ගමන් ලාච්චුවේ දහම් පොත් දාලා තියෙනවා. ඒ පොතක් ගන්නවා. කියවනවා. අනෙක් අය බැලුවා, මෙයාගේ දැන් කතා බතා නැහැ. ඔන්න බැලුවා එබිලා. දැක්ක පොත. ඔන්න බනින්න පටන් ගන්නවා.

"මොකක්ද ඔය බණ පොත් කියවන වයසක්ද? ඔය ජීවිතය කාලකණ්ණි කරගන්නද හදන්නේ? ජීවිතය නාස්ති කරගන්නද හදන්නේ? ඔයගොල්ලෝ ආච්චිලා වෙන්න ඉස්සර වෙලා ආච්චිලා වෙන්න හදනවනේ..." කියලා කියනවා. ඒ නෝනා මට දවසක් අඬ අඬා ටෙලිෆෝන් එකෙන් මේ ගැන කිව්වා. "මම තනිවෙලා..." කියලා කිව්වා. මම කිව්වා "තේරුම් ගන්න මිථ්‍යා දෘෂ්ටික සමාජයේ හැටි..! ධර්මයේ හැසිරෙන එක්කෙනාගේ ගමන තමයි පටිසෝතගාමී. ඒකයි හේතුව" කියලා.

රැල්ලට විරුද්ධ වූ අභිමානවත් ගමනක් යමු

පටිසෝතගාමී කියන්නේ මේ සමාජය යන රැල්ලට විරුද්ධව යන ගමනක්. මේ ගමන යන්න බැහැ ආත්ම ශක්තිය නැතුව. මේ ගමන යන්න වෙන්නේ හොඳ ආත්ම ශක්තියක් ඇතුව. තමන්ගේ හිතේ තියෙන්න ඕන, 'මම නිවන කරා ගිහින් මිසක් නවතින්නේ නැහැ. කවුරු කොහොම කිව්වත් මගේ ගමන මම යනවා' කියලා.

මම මේ ආත්ම ශක්තිය ලබා ගත්තේ උපක්‍රමයකින්. මම විශ්ව විද්‍යාලය අත්හැරලා යනකොට සියලු දෙනාම කිව්වා. "එපා...! එපා...! පිස්සා..." කියලා. ඔන්න මට දීපු නම. ඊට පස්සේ සමහරු මට ඇවිල්ලා තර්ජනය කළා. "හා..! අඟල් දෙකක් යනවා බලන්න උඩින්..." කියලා. නමුත් මම මගේ අදහස වෙනස් කරගත්තෙ නැහැ. සමහර අය නිහඬ වුණා. සමහර අය ඇවිත් කිව්වා, "අපරාදේ... මේ කරගන්න යන දේ" කියලා. මම කිව්වා. "මහා කැලෑවක ගහක් යට තනිවම මම මැරෙනකම් ඉන්නවා" කියලා. අන්න එහෙම කියලයි මම ඒ අයගේ කටවල් වැහුවේ.

අනික ඒ විදිහට හිතන එක හරි වාසියකට හිටියා. මොකද, ඒ අදහස හිතේ තියාගෙන ඉන්න තාක් මට යමක් ලැබුණත් එකයි, නොලැබුණත් එකයි. ඇයි, මට ලැබුණත් වැඩක් නැහැ. නොලැබුණත් ගාණක් නැහැ. අන්න ඒ විදිහට සිතීමෙන් තමයි වාසිය එන්නේ.

හොඳම දේ තමයි අත්හැරලා ඉන්න එක...

ඔන්න දෙමව්පියෝ දරුවො හදනවා. ඒ ළමයි ලොකු වෙන කොට කේන්දර, පොරොන්දම් බලලා ජයට මගුල් කාල කාව හරි අරගෙන යනවා. අපි හිතන් ඉන්නවා, අපට සලකයි කියලා. නමුත් කාලයක් යනකොට සේරම වෙනස් වෙලා සලකන්න කෙනෙක් නැතුව යනවා. එතකොට ඔන්න ද්වේෂය ඇතිවෙනවා. ඊට පස්සේ බනින්න ගන්නවා. සමගිය ඔක්කොම ඉවරයි. මේකට හොඳම දේ තමයි අත්හැරලා ඉන්න එක.

ගොඩක් විට අළුතෙන් විවාහ වෙන්න ඉන්න අයට මම කියනවා, "වයසට ගිහින් දරුවන්ගෙන් සැලකිලි ගන්න බලාපොරොත්තු වෙන්න එපා!" කියලා. දරුවන්ගෙන් සැලකිලි ගන්න හිතාගෙන ඉන්න එක ඉස්සර වෙලාම හිතෙන් අත්හරින්න ඕන එකක්. අන්න එහෙම අත්හැරපු එක්කෙනා විතරයි, තමන් ගැන පොඩ්ඩක් හිතලා තමන්ට පොඩ්ඩක් තියාගන්නේ. දරුවන්ගෙන් සැලකිලි ලබන්න ඕන අය ඉඩකඩම් උකස් තියලා හරි ළමයින්ට හොඳින් උගන්වනවා. කීයක් හරි තමන්ගේ පොතේ දාගෙන තියෙනවා නම් ඒකත් දරුවන්ට වියදම් කරනවා. ළමයි බැරි වෙනකොට සලකයි කියල බලාපොරොත්තුවෙන් ඉන්නවා.

වරද කොතැනද...?

අන්තිමට ළමයි සලකන්නේ නැහැ. අන්තිමට ළමයි ඒගොල්ලන්ව අත්හැරලා දානවා. අත්හැරියාට පස්සේ අපි ළඟට දුවගෙන ඇවිල්ලා අඬාගෙන කියනවා, "අනේ හාමුදුරුවනේ... ළමයිට අපට සලකන්න කියන්න..." කියලා. මෙතැනදී වැරදුණේ කාටද? තමන්ටමයි වැරදුණේ. තමන් ස්වාධීනව ඉන්න කල්පනා කළේ නැහැ. කාගෙන්වත් බලාපොරොත්තු නැතුව ඉන්න පුරුදු වුණේ නැහැ. ඔන්න මරණාසන්න වුණා. බලාපොරොත්තු වුණා කවුරු හරි සලකයි කියලා. නමුත් කවුරුවත් නැහැ. එතකොට ඇතිවෙන්නේ ද්වේෂයයි. "මං මේවා කළා... ඉඩකඩම් අරන් දුන්නා... රස්සාවල් හොයලා දුන්නා... කසාදයක් බන්දලා දුන්නා... දැන් මට කවුරුවත් නැහැනේ..." කියලා හිතට මේ එන්නේ ද්වේෂයයි.

කරන්න ඕන හොඳම දේ නම්, "මේක තමයි කාමයන්ගේ ආදීනව" කියලා හිතෙන් ඔක්කොම අත්හැරලා දාන එකයි. අන්න එතකොට විතරයි අපේක්ෂාවකින් තොරව මැරෙන්න පුළුවන් වෙන්නේ.

ධර්මය නැති වීම නිසයි මේ හැමදේම...

මම වැඩිහිටි නිවාසවලට ගිහින් තියෙනවා. ඒවායේ ඇඟපත තියෙන එක අම්මා කෙනෙක්වත් නැහැ. මොකද, කල්පනා කරලා බලාගත්ත අතේ බලාගෙන ඔහේ ඉන්නවා. අනිත් තියෙන ප්‍රශ්නය තමයි චුට්ටක් එහා මෙහා වෙන්න බැහැ තරහා යනවා. ඒ අම්මලා කියනවා, "මං මෙහෙම ආවට මගේ පුතාලා ඉංජිනේරුවෝ... මගේ පුතාලා දොස්තරලා..." කියලා. එතකොට එහා පැත්තේ ඇඳේ

ඉන්න ආච්චි බනිනවා "කෝ උඹලගේ දොස්තරලා...? ආවද බලන්න...?" කියලා.

වැඩිහිටි නිවාස කියන්නේ හරිම අසාර්ථක දෙයක්. මොකද, ඒ වැඩිහිටියෝ එකතු වෙලා අඬා වැටෙනවා. එකිනෙකාට තම තමන්ගේ ජීවිත ගැන කිය කියා. ඒගොල්ලන්ට දැන් දරුවෝ ඇත්තේ නැහැ. මුණුබුරු මිණිබිරියෝ නැහැ. සතුටු වෙන්න දෙයක් නැහැ. බණ භාවනාවක් පුරුදු කරලා නැහැ. අත්හැරීමක් පුරුදු කරලා නැහැ. කිසි දෙයක් නැහැ. මේ වැඩිහිටි නිවාසවල ඉන්න ආච්චිලගේ තොරතුරු ඇහුවොත් ලංකාවේ ලොකු ඉස්කෝලවල ඉගෙන ගත්තු අය. වැදගත් පරම්පරාවලින් ආවයි කියනවා. භාෂා දෙක තුනක් දන්නවා. නමුත් මේ වෙනකොට ඒ මොකුත් නැහැ. මොකක් නැතිවීමෙන්ද මේ නැතිවුණේ ඔක්කොම? ධර්මය නැතිවීම නිසයි මේ සියල්ල නැතිවුණේ.

අද අදම ජීවිතය සැලසුම් කර ගන්න...

මේ සමාජය හැදිලා තියෙන්නේ මේ විදිහටයි. ළමයි ඉගෙන ගෙන රස්සාවල් ගන්නවා. ළමයින්ට ජීවත් වෙන්න ලැබෙන පඩිය මදි. ඒ නැති බැරිකම නිසා ඊළඟට රට යන්න පෙළඹෙනවා. ඒ නිසා දෙමව්පියෝ දාලා යනවා. සමහර විට දෙමව්පියෝ වයසයි. දෙමව්පියොත් අරගෙන යන්න ළමයින්ට ශක්තියක් නැහැ. පිටරටකට ගියාම නෝනත් වැඩට යනවා. මහත්තයත් වැඩට යනවා. දොරවල් වහලා තියෙන්නේ. ඉතින් අම්මා කෙනෙක්ව ගිහින් තියාගන්නේ කොහොමද? ඉතින් දරුවෝ පෙළඹෙනවා දෙමව්පියෝ මහළු මඩම්වලට දාන්න. මේවා ප්‍රායෝගිකව තියෙන සැබෑම ප්‍රශ්න.

මහළු මඩම්වලට දාන්න එපා කියල අපට කියන්න පුළුවන්. නමුත් මේ ප්‍රශ්න කවුද විසඳන්නේ? අපි එනවද මිනිස්සුන්ට උපස්ථාන කරන්න? නැහැනේ. ඒ විදිහට මහළු මඩම්වලට අම්මලා තාත්තලා වැටෙනවා. ඒ වැටුණට පස්සේ වෙනමම ලෝකයක්. ඊට පස්සේ කල්පනා කර කර හිතෙන් දුක් විඳ විඳ තමයි ඉන්නේ. තමන්ට කියලා වැඳුම් පිදුම් කරන්න තැනක් නැහැ. ඔය පෝය දවසට වැඩසටහනක් තිබුණොත් චුට්ටක් අවස්ථාව ලැබෙනවා. ඉස්සර දරුවොත් එක්කරගෙන ගිහින් අටමස්ථානේ වැඳපු අම්මලා තාත්තලා දැන් මහළු මඩම්වල ඉන්නවා. එහෙම වුණේ සැලැස්මක් නැතුව ජීවිතය ගොඩනගා ගන්න උත්සාහ කරපු නිසයි.

නොසිතන කෙනා දහම නොදකී...

හාමුදුරුවන්ටත් මේක වෙනවා. මේවා ඔක්කොම කාමයන්ගේ ආදීනව තමයි. හාමුදුරුවන්ට සිද්ධ වෙනවා කොළඹ මහා රෝහලේ භික්ෂු වාට්ටුවේදී කාත් කවුරුවත් නැතුව මැරිලා යන්න. මැරුණට පස්සේ නම් ගෝල බාලයෝ මිනිය අරන් යන්න එනවා. පණ යද්දී වතුර පොදක් දෙන්න, වචනයක් කතා කරන්න, සලකන්න කෙනෙක් නැහැ.

බුදුරජාණන් වහන්සේගේ ධර්මයක් තියෙද්දී මොකක්ද මේ විපත නේද? ඒ ධර්මය වෙනුවෙන් කැපවුණු පිරිසක් නේද? චතුරාර්ය සත්‍යය ධර්මය ලැබෙද්දී, කාමයන්ගේ ආදීනව ගැන චුට්ටක් හිතුවා නම් මේ ඔක්කොම අත්හරිනවා නේද? අන්න ඒකයි කියන්නේ. මේවා ගැන නොහිතන එක්කෙනාට කරන්න බැහැ.

ඒක තමයි බුදුරජාණන් වහන්සේ කිව්වේ කබල්ම නෝනා... කබල්ම ගේ... කබල් තැටිය... ඒත් අත්හරින්න කැමැත්තක් නැහැ කියලා. ඒක තමයි කාමයන්ගේ ආදීනව නොදැකීම.

ප්‍රශ්නය තියෙන්නේ හිතේ...

බලන්න. මේ අනතුර සිද්ධවෙන්නේ මොකකින්ද? කොහේද ප්‍රශ්නය තියෙන්නේ? ප්‍රශ්නය තියෙන්නේ හිතේ. ලෝභයට හිතින් තැන දීපු නිසයි ප්‍රශ්නය ඇතිවෙන්නේ. ලෝභය කියන්නේ සිත කෙලෙසන ධර්මයක් බව නොදැනීම, ද්වේෂයට තැන දීම, ද්වේෂය කියන්නේ සිත කෙලෙසන ධර්මයක් බව නොදැනීම, මෝහයට තැන දීම, මෝහය කියන්නේ සිත කෙලෙසන ධර්මයක් බව නොදැනීමයි ප්‍රශ්නය. අපට තේරෙන්න ඕන, මේ දේවල් සිත කෙලෙසන බව. අන්න එතකොට භයවෙනවා. මෙහෙම හිතලා හරි යන්නේ නැහැ. මම මේ කොහේද යන්නේ කියලා. මේකෙන් බේරෙන්න බුදුරජාණන් වහන්සේ ක්‍රමයක් අපට කියලා දෙනවා.

1. **මම ජරාවට පත්වෙන කෙනෙක්...**
2. **මම රෝග පීඩාවලට පත්වෙන කෙනෙක්...**
3. **මම මරණයට පත්වෙන කෙනෙක්...**
4. **මම ප්‍රියමනාප දේවල් වලින් වෙන්වෙන්න සිද්ධ වෙන කෙනෙක්...**
5. **මම කර්මය දායාද කරගත්ත කෙනෙක්...**

කියන මෙන්න මේ කාරණා පහ හිතන්න ඕන. මේ කාරණා පහ ගැන දන්නවා නම් ඒ ඇති. එයාට ඉස්සරහට යන්න පුළුවන්.

ප්‍රිය දේ උරුම කරන අම්හිරි දුක්...

අපි කියමු, තමන් ප්‍රිය මනාප දේවල් ගොඩාක් එකතු කරගෙන ඉන්නවා කියලා. ඔබේ ජීවිතය ගනිමු. ප්‍රියමනාප දේවල් කියලා සාරි එකතු කරගන්න ඇති. දැන් කෝ ඒවා? සමහරු හරි ආශාවෙන් රත්තරන් බඩු එකතු කරනවා. අන්තිමට ඒවා නිසා තමන්ම දුක් විඳිනවා.

වලව්වක හිටපු එක අම්මා කෙනෙක් එයාගේ රත්තරන් බඩු ඔක්කෝම එකතු කරලා දාලා පොඩි චෛත්‍යයක් හැදුවා. අරණ්‍යයක් හදලා තමයි ඒ චෛත්‍යය හැදුවේ. ඊට පස්සේ දසිද්ධ වෙන්න ඕන දේ වුණා. හොරු චෛත්‍යය කඩලා රත්තරන් බඩු ටික අරන් ගියා. මේ ගැන හිත හිතා තමයි ඒ වලව්වේ අම්මා මැරුණේ. දැක්කද සිදුවුණු දේ? කාමයන්ගේ ආදීනව සිහි කරන්න දන්නේ නැති නිසයි එහෙම වුණේ. කාමයන්ගේ ආදීනව සිහි කරන්න දන්න කෙනා විතරක් නිසි කාලය එද්දී ඒවා සේරම අත්හැරලා දානවා. ඒ සඳහා මුලින් පෙන්වා දුන් කරුණු පහ සිහි කරන්න.

ජයගැනීම ලේසි නෑ නේද...?

එතකොට තමන්ගේ තියෙන දේවල් බෙදා හදා ගන්නවා. අනිත් අය බදා ගනී. තමන් බෙදා ගන්නවා. අන්න ඒ දේ සිද්ධ වෙන්න ඕන ධර්මය කරා යනවා නම්. ධර්මය ගැන නොදන්න කෙනා ඒක ගැනම හිත හිතා අනතුරට ලක්වෙනවා. එක අම්මා කෙනෙක් හිටියා. ඒ අම්මා හිතන්නේම කැටේ ගැනයි. කාසි දාපු බෝතලය තියෙනවද කියලා බලන්න කියලා කියනවා. මරණාසන්න මොහොතේදිත් මේ කැටේ ගැනමයි හිතන්නේ.

එතකොට බලාපොරොත්තු නැති දේකටයි බැඳිලා තියෙන්නේ. සමහර විට ඒ අම්මා කැටේට සල්ලි දාන්න ඇත්තේ කවදාවත්ම මරණාසන්න මොහොතේ අරමුණක් කරගන්න නෙවෙයි. නමුත් තමන්වත් දන්නෙ නැහැ, තමන්ටත් හොරා මේ හිත ඒ සමඟ බැඳිලා තිබුණා. දැන් තේරෙනවා නේද මේකෙන් ජය ගන්න එක ලේසි නැහැ කියලා?

නිදහස් වීමට අවැසි නම් මේ විදිහට හිතන්න...

මේ ප්‍රශ්නයෙන් ජයගන්නේ බුද්ධිමත් කෙනා විතරයි. මේකෙන් ජයගන්නේ හිතන්න පුළුවන් කෙනා විතරයි. බුදුරජාණන් වහන්සේ පෙන්වා දුන්න විදිහට, 'මම ජරාවට පත්වෙන කෙනෙක්... මම රෝග පීඩාවන්ට පත්වෙන කෙනෙක්... මම මරණයට පත්වෙන කෙනෙක්... මම ප්‍රිය දේවල් වලින් වෙන් වෙන කෙනෙක්... මම කර්මය දාස කරගත්තු කෙනෙක්.." කියලා හිතනවා නම් මේ ප්‍රශ්නයෙන් ගැලවෙන්න පුළුවන්.

එහෙම හිතන්න බැරි වුණොත් අපි දුකෙන් දුකට පත්වෙන බව බුදුරජාණන් වහන්සේ දන්නවා. ලෝභ, ද්වේෂ, මෝහ දුරු කරන්න නම් ලෝභ, ද්වේෂ, මෝහම ප්‍රහාණය කළ යුතුයි කියලා බුදුරජාණන් වහන්සේ මහානාම ශාක්‍යයට පෙන්වා දුන්නා. කාමයන්ගේ ආදීනව ගැන බුදුරජාණන් වහන්සේ වදාළ මේ දේශනයේ නම චූළ දුක්ඛක්ඛන්ධ සූත්‍රයයි.

ඒ අනුව අපට මේ සියලුම දුක්වලින් මිදීම පිණිස ලෝභ, ද්වේෂ, මෝහයන්ගෙන් මිදීම පිණිස, චතුරාර්ය සත්‍යාවබෝධය පිණිස ශ්‍රී සද්ධර්මය උපකාරී වේවා!

සාදු! සාදු!! සාදු!!!

නමෝ තස්ස භගවතෝ අරහතෝ සම්මාසම්බුද්ධස්ස
ඒ භාග්‍යවත් අරහත් සම්මා සම්බුදුරජාණන් වහන්සේට නමස්කාර වේවා!

02.
භාර සූත්‍රය
(සංයුත්ත නිකාය 3 - භාර වර්ගය)

ශ්‍රද්ධාවන්ත පින්වත්නි,

අද අප ඉගෙන ගන්න දේශනය භාර සූත්‍රය. භාර කියන වචනයේ තේරුම බර. රහතන් වහන්සේලාට නමක් තියෙනවා 'ඕහිත භාරෝ' කියලා. ඒකේ තේරුම බර වීසි කරල දාපු කෙනා. සංසාරයේ ගමන් කරන එක්කෙනා බර වීසිකරල දාලා නැහැ. එයා බර කරට ගත්තු එක්කෙනා. බර කියන්නේ මොකක්ද කියලා බුදුරජාණන් වහන්සේ මේ දේශනාවේදී පැහැදිලි කරනවා.

"මහණෙනි, මම ඔබට බර ගැන කියලා දෙන්නම්. බර අරගෙන යන කෙනා ගැනත් කියලා දෙන්නම්. බර කරට ගැනීම ගැනත් කියලා දෙන්නම්. බර වීසි කිරීම ගැනත් කියලා දෙන්නම්."

බුදුසසුනක එකම අරමුණ...

බුදුරජාණන් වහන්සේ මේ ලෝකයට පහළ වුණේ

කුමක් නිසාද යන එක ගැන පැහැදිලිව අපි තේරුම් අරගෙන ඉන්නට ඕන. බුදුරජාණන් වහන්සේ මේ ලෝකයට පහළ වුණේ එකම එක ඉලක්කයක් පිණිසයි. ඒ ඉලක්කය චතුරාර්ය සත්‍යය අපට අවබෝධ කරදීමයි. වෙන කිසිම ඉලක්කයක් නැහැ. ඒ කාරණයට බුදුරජාණන් වහන්සේ නමක්ම පහළ විය යුත්තේ ඇයි? වෙන කෙනෙකුට බැරිද ඒක කරන්න? අනික් සියලු දෙනාටම ඔක්කොම කාරණා තේරෙනවා එක දෙයක් හැර. ඒ එක දෙය තමයි චතුරාර්ය සත්‍යය අවබෝධ කිරීම. ඒ දේ හැර අනික් ඕනෑම දෙයක් අනිත් අයට තේරෙනවා.

පාරවල් හදන්න තේරෙනවා. ගෙවල් හදන්න තේරෙනවා. ඇඳුම් විලාසිතා තේරෙනවා. උයන්න පිහන්න තේරෙනවා. ඕන දෙයක් තේරෙනවා. තේරෙන්නේ නැත්තේ තමන්ව අවබෝධ කරගන්නයි. අනික් කොච්චර දේවල් තේරුණත්, තමන්ව අවබෝධ කරගන්න තේරෙන්නේ නැත්නම් ඕන වෙලාවක එයාගේ ජීවිතය තුළ දුක නිර්මාණය වෙනවා. දුක විඳවනවා. මේ නිසා බුදුරජාණන් වහන්සේ පෙන්වා දීලා තියෙන්නේ අනිත් මොනවා නැතත් කමක් නැහැ, තමාව අවබෝධ කරගත්තා නම් හරි කියලයි.

දුක් විඳින්නේ තමන්ව අවබෝධ නොවූ නිසයි...

මේ ලෝක සත්වයා දුක් විඳින්නේ තමන්ව අවබෝධ වෙන්නේ නැති නිසා. අපට පිටින් පේන්නේ කන්න නැති නිසා දුක් විඳිනවා කියලනේ. ඇඳුම් නැති නිසා, ඉන්න හිටින්න තැන් නැති නිසා, දුක් විඳිනවා කියලා තමයි තේරෙන්නේ. නමුත් ඇතුලෙන් බලනකොට පේනවා, තමන්ව අවබෝධ වෙලා නැති නිසයි දුක් විඳින්නේ කියලා.

පිටින් පේන විදිහට කන්න නැති නිසා දුක් විඳිනවා කියලා ගත්තොත් රහතන් වහන්සේලා කොච්චරවත් හිටියා හරි හමන් කෑම වේලක් නැති. රහතන් වහන්සේලා කොච්චරවත් වැඩහිටියා හරි හමන් සිවුරක් නැති. වැසි කාලවල්වල අගුපිලක හිටි රහතන් වහන්සේලා හිටියා. නමුත් උන්වහන්සේලා කිසි කෙනෙක් දුක් වින්දද? මොකද, උන්වහන්සේලා තමන්ව අවබෝධ කරගෙන හිටියේ. ඒ නිසා කිසිම දුකක් නැහැ. තමන්ව අවබෝධ කරගෙන හිටියම හරියට මේ ගහක් කොලක් වගෙයි. ඒ විදිහට තමන්ව අවබෝධ කර ගන්නට බුදුරජාණන් වහන්සේගේ උපකාරය ඕන.

අතුළාන්තය අවබෝධ වන තුරා අනතුරක්...

තමාව අවබෝධ කර ගන්නට නොහැකිවීම තමයි අපට සිද්ධ වූ විශාල අනතුර. අපට හැමදාම මනුස්ස ලෝකයේ ඉපදෙන්න ලැබෙනවා නම් ඇත්තටම අපට ඒ තරම් ගැටලුවක් නැහැ. ඊළඟ ජීවිතයේදී දිව්‍ය ලෝකයේ ඉපදෙන්න ලැබෙනවා නම් ඒත් ගැටලුවක් නැහැ. නමුත් අපට ඕන විදිහට සිද්ධ වෙන්නේ නැහැ. මේක සිද්ධ වෙන්නේ අපට ඕන හැටියට නෙවෙයි. මේක සිද්ධ වෙන්නේ චේතනාත්මකව සිද්ධවෙන සිදුවීමකට ඕන හැටියටයි. ඒ කියන්නේ කර්මයට ඕන හැටියටයි මේක සිද්ධ වෙන්නේ.

කර්මය නිර්මාණය කරන්නේ අපිමයි. අපි හිතා මතා තමයි කර්මය නිර්මාණය වෙන්නේ. අපි හිතලා මතලා හැදෙන කර්මය අපට ඕන විදිහට වෙනස් කරන්න බැහැ. ඒකට තමයි අනාත්මයි කියලා කියන්නේ. ඒ අනාත්ම දේට ඕන හැටියටයි හැදෙන්නේ. ඒ නිසා මේ ජීවිතයේ

ඇතුලාන්තය අවබෝධ වෙන තාක්ම අපට අනතුරක් තියෙනවා.

ඉදිරිය අනාරක්ෂිතයි...

අද උපන්න පුංචි දරුවන්ටත් මිනිස් ලෝකයේ යම් කිසි ආරක්ෂාවක් තියෙනවා. මරණ මඤ්චකය දක්වාම මිනිස් ලෝකයේ අයට කිසියම් ආරක්ෂාවක් තියෙනවා. නමුත් මැරුණට පස්සේ එයා අනාරක්ෂිතයි. එයාගේ ආරක්ෂාවට යමක් ඇතිකර ගත්තොත් හරි. එයාගේ ආරක්ෂාවට යමක් නැතිනම් එයා අනාරක්ෂිතයි.

මිනිස් ලෝකයේ ඉපදුණු කෙනා මැරුණු ගමන්ම පෙරේත ලෝකයේ උපන්නොත් එයාට ආරක්ෂාවක් තියෙනවද? තිරිසන් ලෝකයේ ගිහින් උපන්නොත් ඉවරයි. නිරයේ ගිහින් උපන්නොත් ඉවරයි. මෙන්න මේ අනතුර තමන්ගේ ජීවිතය තුළ තියෙනවා කියන එක අපට හෙළිදරව් කළේ බුදුරජාණන් වහන්සේ පමණයි.

සතර අපා අනතුරට එකම පිළියම...

ලෝකයේ වෙන කිසිම කෙනෙක් අපට කියලා දුන්නේ නැහැ, සතර අපායේ වැටෙන අනතුරකට අපි පාත්‍ර වෙලා ඉන්නවා කියන එක. මේ සතර අපායේ වැටෙන ගැටලුවෙන් නිදහස් වෙන්න එකම එක ක්‍රමයක් හැර වෙන කිසිම ක්‍රමයක් නැහැ. ඒ ක්‍රමය චතුරාර්ය සත්‍යය අවබෝධ කිරීමමයි. ඒක තරම් ජීවිතයට ආරක්ෂාවක් වෙනත් නැහැ.

චතුරාර්ය සත්‍යය පිළිබඳ අවබෝධය ඇතිකර ගන්න පුළුවන් වෙන්නේ තුන්සරණය තියෙන එක්කෙනාටයි. තුන්සරණය නැති කෙනාට ඒක බැහැ. තමන්ගේ ජීවිතයට දුක් කරදර දොම්නස් පීඩා එනකොට චතුරාර්ය සත්‍යය

අවබෝධය කරා යන එක්කෙනාට එකපාරටම බුදුරජාණන් වහන්සේව මතක් වෙනවා.

කරදරේ වැටුණු කෙනා 'අනේ බුදුරජාණන් වහන්සේ අපට කියා දුන්නේ මේ දුකෙන් නිදහස් වෙන්න නේ... උන්වහන්සේ මේ දුකෙන් නිදහස් වුණා නේ... චතුරාර්ය සත්‍යය අවබෝධ කරගත් නිසා උන්වහන්සේ සසර දුකෙන් ගැලවුණා නේ...' කියලා බුදු ගුණ සිහිකරන්න ගන්නවා. එයා චතුරාර්ය සත්‍යය කරා යනවා.

අසරණ වූ අපට තිසරණයේ පිහිට පමණයි.

ඊළඟට එයා සිහි කරනවා 'අනේ, අපට චතුරාර්ය සත්‍යය සම්පූර්ණයෙන්ම අවබෝධ කරගන්නට ලැබුණා නම් මේ දුක් දොම්නස් ටික ඉවරනේ... මේ දුක් දොම්නස් ටික ඔක්කෝම ඉවර වෙලා යනවනේ, අපට චතුරාර්ය සත්‍යය අවබෝධ කරගන්න ලැබුණා නම්.... ඒ නිසා මේ දුකෙන් නිදහස් වෙන්න නම් මේ සද්ධර්මයමයි පිහිට වෙන්නේ...' කියලා. එහෙම කියලා එයා ධර්මය සිහි කරනවා.

ඊළඟට බුදුරජාණන් වහන්සේගේ ධර්මය කරා යන එක්කෙනා හිතනවා, 'මේ චතුරාර්ය සත්‍යය අවබෝධ කරලා රහතන් වහන්සේලා පහළ වුණා... අනේ උන්වහන්සේලා දුකෙන් නිදහස් වුණා... අනාගාමී වූ උත්තමයෝ බ්‍රහ්ම ලෝකයේ ඉපදුණා. ආයෙමත් දුක් විඳින්ට මේ ලෝකයට ආවේ නැහැ. සකදාගාමී වූ උත්තමයෝ එක වතාවයි මේ ලෝකයට ආවේ. දුක් අවසන් කළා. සෝතාපන්න වූ උත්තමයොත් මේ දෙව් මිනිස් ලෝකයේ මිසක් සතර අපායේ වැටෙන්නේ නැහැ. අනේ බුදුරජාණන් වහන්සේගේ ශ්‍රාවකයෝ කොයිතරම් හරි මාර්ගයක ගිහිල්ලද?' කියලා.

මෙන්න මේ විදිහට එයා බුදුරජාණන් වහන්සේගේ ශ්‍රාවක සංඝයා ගැන සිහි කරනවා.

මේ විදිහට තෙරුවන් සිහිකිරීම පිහිටන දෙයක්. අන්න ඒ පිහිටන ගතියට අපේ හිත පත්වෙන්න ඕන. ඒක සිද්ධ වෙන්නේ නුවණින් කල්පනා කරන කෙනාට විතරයි.

වහ වහා, නොවෙනස් වන ශ්‍රද්ධාවකට පැමිණෙන්න...

නුවණින් කල්පනා කරන්නේ නැති එක්කෙනාට තමයි එක එක බාහිර දේවල් මතක් වෙන්නේ. මොකක් හරි දුක් කරදරයක් වුණාම එයා හිතනවා 'මේ දවස්වල අපල වෙන්න ඇති' කියලා. 'ඔන්න ගිරහ ලබලා...' කියලා එක එක තැන්වලට දානෙ දෙනවා. කේන්දරේ උස්සගෙන රට පුරා ඇවිදිනවා. තිසරණය තියෙන එක්කෙනා එහෙම හිතන්නේ නැහැ.

ඒ විදිහට ඔබේ හිත ඔබ හඳාගත්තා නම් කොයිතරම් අපක්ෂපාතීව බැලුවත් බුදුරජාණන් වහන්සේ තරම් ශ්‍රේෂ්ඨ කෙනෙක් හොයාගන්න නැහැ. කොයිතරම් මධ්‍යස්ථව බැලුවත් ඒ ධර්මය තරම් ශ්‍රේෂ්ඨ ධර්මයක් සොයා ගන්න නැහැ. කොයිතරම් අපක්ෂපාතීව බැලුවත් ඒ ශ්‍රාවක පිරිස තරම් ශ්‍රේෂ්ඨ ශ්‍රාවක පිරිසක් සොයාගන්නට නැහැ. බුද්ධිමත් කෙනෙකුට මේ බව තේරෙනවා. ඒ නිසා ඒ ශ්‍රද්ධාව වෙනස් වෙන්නේ නැහැ.

මේ විදිහේ ශ්‍රද්ධාවක් ඔබ තුළ තියෙනවා නම් ඔබ චතුරාර්ය සත්‍යය අවබෝධය කරා යනවා. නොවෙනස් ශ්‍රද්ධාවක් ඔබ තුළ තිබිය යුතුයි.

අමනුස්සයන් ඇදහීමක් ධර්මය තුළ නෑ...

මේ ළඟදී ගුවන්විදුලි ධර්ම දේශනාව ප්‍රචාරය වුණාට පස්සේ එක නෝනා කෙනෙක් අහලා තියෙනවා 'අනේ, මම තුන්සරණය නම් හරියට පිහිටුවාගෙන ඉන්නේ....ඒ වුණාට මම ලක්ෂ්මිට පහන තියනවා...' කියලා. එයා අපේ ස්වාමීන් වහන්සේ නමකට කතා කරලා කියලා තියෙනවා. 'අනේ මට පහන තියන එක අත්හරින්න බැහැ... මට භයයි...' කියලා. මෙහෙම භය වෙන්නේ පහන තියන එක නැවැත්තුවට පස්සේ ලක්ෂ්මි කරදරයක් කරාවි කියලයි.

එහෙම නම් තේරෙනවද, පුංචි ලාභයකට තුන්සරණය අත්හැරලා වෙන වෙන දේ අදහන්න ගියාම සිද්ධවෙන විපත? තමන් ඒක නවත්වා ගන්න හදනකොටයි තමන්ට තේරෙන්නේ, තමන්ට මේ මොකක්ද සිද්ධ වුණේ කියලා. ඒක කරගෙන යනකල් ඒකෙ අනතුර තේරෙන්නේ නැහැ. අමනුෂ්‍යයින්ගෙන් පිහිට ලබාගන්න ගියාම වෙන දේ ඒකයි. අමනුස්සයින් ඇදහීමක් මේ ධර්මය තුළ නැහැ.

තුන් සරණයට වඩා උතුම් දෙයක් නෑ...

බුදුරජාණන් වහන්සේගේ ධර්මය තුළ තියෙන්නේ තිසරණයෙහි පිහිටීමක්. මේ ධර්මයේ දේවාතිදේව වූ, බ්‍රහ්මාතිබ්‍රහ්ම වූ, අතිමානුෂීය වූ, බුදුරජාණන් වහන්සේව සමාන කරන්න පුළුවන් වෙන කවුරුවත් නැහැ. තිසරණය තරම් වටිනා වෙනත් දෙයක් මේ ලෝකයේ කාටවත්ම වෙන නැහැ. ඉතින් මේ බව අපි හොඳට තේරුම් අරගෙන පැහැදිලිවම මතයකට එන්න ඕන. අපි මේ තුන් සරණයට එන්නේ එකම එක ඉලක්කයකටයි. ඒ චතුරාර්ය සත්‍යය අවබෝධ කිරීම පිණිසමයි.

අපට ඒ අවබෝධය මේ ජීවිතයේදීම ලබාගන්න පුළුවන් නම් අපි මේ ජීවිතයේදීම පූර්ණ ආරක්ෂාවකට පත්වෙනවා. ඒ සඳහා ආර්ය සත්‍ය තේරුම් ගන්න පුළුවන් දේශනාවක් තමයි මේ **භාර සූත්‍රය.**

බුදුරජාණන් වහන්සේ පෙන්වා දෙනවා මොකක්ද මේ බර කියන්නේ කියලා. බර කියන්නේ පංච උපාදාස්කන්ධයටයි. මොනවද මේ පංච උපාදානස්කන්ධය? රූප උපාදානස්කන්ධය, වේදනා උපාදානස්කන්ධය, සඤ්ඤා උපාදානස්කන්ධය, සංස්කාර උපාදානස්කන්ධය, විඤ්ඤාණ උපාදානස්කන්ධය. මේ පහම ඔබට තේරුම් ගන්න පුළුවන්කම තියෙනවා.

1. රූප උපාදානස්කන්ධයේ බර

රූප උපාදානස්කන්ධය කිව්වේ සතර මහා ධාතුන්ගෙන් හටගත්තු දේයි. ඒවා තමයි කෙස්, ලොම්, නිය, දත්, සම්, මස්, නහරවැල්, ඇට, ඇට මිදුළු, වකුගඩු, හදවත, අක්මාව, දලඹුව, බඩදිව, පෙනහළු, මහා බඩවැල්, කුඩා බඩවැල්, ආමාශය, අසූචි. මේ රූපයට අයිති දේවල් අප තුළ තියෙනවා. ඊළඟට පිත, සෙම, සැරව ආදී ආපෝ ධාතුවට අයිති දේවල්... තේජෝ ධාතුවට අයිති දේවල්... වායෝ ධාතුවට අයිති දේවල් තියෙනවා. මේ ඔක්කොම රූපයට අයිති දේවල්. මේ බර නම් අපට හොඳට තේරෙනවා නේද? ඒ බර නම් කිලෝ ගණනින් හොඳට තියෙනවා. දැන් ඔබට හිතෙන්න පුළුවන් 'මේ ශරීරය නම් බරයි. මීට වැඩිය සැහැල්ලු එකක් හම්බවුණා නම් හොඳයි...' කියලා. නමුත් සැහැල්ලු ඇඟක් හමුවුණත් ඒකත් බර. ඒකත් දුකයි. බුදුරජාණන් වහන්සේ පෙන්වන්නේ ගොරෝසු හෝ වේවා... සියුම් හෝ වේවා... බර නම් බරම තමයි. එහෙම නම් රූපයේ බර දැන්නම් තේරෙනවා.

2. වේදනා උපාදානස්කන්ධයේ බර

මේ බර කියන්න බැරිතරම් බරක්. වේදනාව ඇතිවුණාම සමහරු දිවි නසා ගන්නවා. සමහරුන්ට පිස්සු හැදෙනවා. සමහරු බෙල්ලේ වැල දාගන්නවා. වහ බොනවා. කෝච්චියට පනිනවා. එහෙම වෙන්නේ බරක් නිසයි. එතකොට තේරෙනවා, මේක පුංචි බරක් නෙවෙයි.

වේදනා තුනක් තියෙනවා. ඒ තුනම බරයි කියලා බුදුරජාණන් වහන්සේ වදාළා. සැප ලැබෙන කොට අපට හිතෙන්නේ මේකේ නම් බරක් නැහැ, සැහැල්ලුයි කියලයි. ඒකෙන් වෙන් වෙනකොට තමයි අපට තේරෙන්නේ මේක කොච්චර බරක්ද කියලා. සැපක්, සතුටක් අපට ලැබෙන කොට ඒ බර හරි සැහැල්ලුයි කියලා අපි ඔළුවට ගන්නවා. ඊට පස්සේ ඒක අහිමි වෙලා යනවා. අනිත්‍ය වෙලා යනවා. එතකොට අපි අඬන්න වැළපෙන්න ගන්නවා. එතකොට අපට තේරුම් ගන්න පුළුවනි 'මේක මොලොක්ව දැනුණාට, සැහැල්ලුවට දැණුනට විශාල බරක් නෙව මේ...' කියලා. ඒ නිසා සැප, දුක්, උපේක්ෂා කෝකත් බර තමයි.

3. සංඥා උපාදානස්කන්ධයේ බර

ඒ වගේම අපි හඳුනා ගන්නවා. ඇහෙන් දැකලා තමන්ව හඳුනා ගන්නවා. ඇහෙන් දැකලා අනුන්ව හඳුනා ගන්නවා. කනෙන් අහලා තමන් ගැන හඳුනා ගන්නවා. කනෙන් අහලා අනුන් ගැන හඳුනා ගන්නවා. නාසයෙන් ගඳ සුවඳ හඳුනා ගන්නවා. දිවෙන් රස හඳුනා ගන්නවා. කයෙන් පහස හඳුනා ගන්නවා. මනසින් අරමුණු හඳුනා ගන්නවා. මේ දේවල් හඳුනා ගන්න කොට අපි ඒක වැළඳ ගන්නවා. නමුත් මේක විශාල බරක්. එහෙම වෙන්නේ හඳුනා ගත් දේ වෙනස් වෙලා යන නිසයි.

ඔන්න අපි අපිව හඳුනා ගත්තා. ඔන්න ලස්සනට කොණ්ඩෙ දිගට තිබුණා බෙල්ලටම. ඉතින් ඒ ලස්සන කොණ්ඩෙ ගැන බලනවා. කොණ්ඩෙ පීරනවා. එක එක පැත්තට හැරි හැරී බලනවා. නමුත් දවසක මේ කොණ්ඩෙ නැතිවෙලා යනවා. ලෙඩක් හැදිලා කොණ්ඩෙ ඔක්කොම ගැලවිලා ගියා. එතකොට මොකද වෙන්නේ? එදාට අතින් අල්ල අල්ල හිටපු කොණ්ඩෙ නැහැ. ඊට පස්සේ ලැජ්ජයි. ගෙයින් එළියට එන්න බැහැ. 'අනේ, මගේ කොණ්ඩෙට වෙච්ච දේ?' කියලා අඬනවා. මේ බරක් නෙවෙයිද? මේ බර අල්ලගෙන තියෙන තුරාවට තියෙන දෙයක්.

4. සංඛාර උපාදානස්කන්ධයේ බර

ඊළඟ එක තමයි චේතනාවේ බර. මේක නිදහස් වෙන්න අමාරු එකක්. ඇහෙන් රූප දැක්කට පස්සේ ඒ ගැන චේතනා ඇතිවෙනවා. කනෙන් ශබ්ද ඇහුවට පස්සේ ඒ ගැන චේතනා ඇතිවෙනවා. නාසයෙන් ගඳ සුවඳ දැනගත්තට පස්සේ ඒ ගැන චේතනා ඇතිවෙනවා. දිවෙන් රස දැනගත්තට පස්සේ ඒ ගැන චේතනා ඇති වෙනවා. කයෙන් පහස ලබලා චේතනා ඇතිවෙනවා. හිතෙන් හිතන කොට චේතනා ඇතිවෙනවා.

චේතනා ඇතිවෙනවා කියන්නේ අපට යමක් කරන්න හිතෙනවා කියමු. ඒ විදිහට අපට හිතෙන් යම්කිසි දෙයක් හිතුණට පස්සේ අපි හිතින් ඒක අල්ලගෙන, හිත ඇතුලේ ඒකම වැඩ කරවනවා. අන්න ඒක කරන්නේ චේතනාවෙන්. ඊට පස්සේ අපට ඒක හිතෙනවා මේක කතා කරන්න ඕන කියලා. එතකොට අපි ඒක කියනවා. ඒක කරන්නේ, ඒ කතා කරන්නේ චේතනාවෙන්. අපට හිතෙනවා, ඊට පස්සේ යන්න ඕන කියලා. ඒක කරන්නේ

චේතනාවෙන්. චේතනා කොච්චර වේගයෙන් ක්‍රියාත්මක වෙනවාද කියනවා නම් ඇස් පිල්ලමක් ගහද්දී චේතනාවක් පහළ කරලා. ඇස් පිල්ලන් ගහන්නත් බැහැ, චේතනාවක් පහළ නොකර. එතකොට චේතනාවක බර කොයිතරම් වුණාද කියලා අපට කියන්න බැහැ. ඒ කියන්නේ ඒක හොයන්නත් බැරිතරම් බරක්.

මේ ආරක්ෂාව ස්ථිරද...?

අපි රජකෙනෙක්ව ගනිමු. අජාසත් රජ්ජුරුවෝ ගැන හිතමු. ඒ රජ්ජුරුවෝ විශාල මාළිගාවක් හදලා හිටියා. සුදුපාට අශ්වයෝ ඉන්න අශ්ව කරත්තයක නැගලා යනවා. දැන් මෙයාගේ කර්ම කොච්චර බරයිද කියලා ලෝකයට තේරෙනවද? ඒ බර එයාගේ අත්වලටයි, කකුල්වලටයි ගැටගහලා තියෙන්නේ. මෙයා මැරෙන කොට ඒ බර විසින් එයාව නිරයට අරගෙන යනවා. අන්න එහෙම බරක් තමයි තියෙන්නේ.

අපේ ජීවිතවලත් අපට ඒ ටික වුණා. නමුත් අපට මතක නැහැ. අප අතර නිරයේ දුක් නොවිඳපු කෙනෙක් හොයාගන්න නැහැ. අපි අතරේ පෙරේතයෝ වෙලා සෙම් සොටු හොය හොයා දුක් නොවිඳපු කෙනෙක් හොයා ගන්න නැහැ. අපි අතර තිරිසන් ලෝකයේ ඉපදිලා දුක් නොවිඳපු කෙනෙක් හොයාගන්න නැහැ. අපි ඒ තරම් විඳවලා තියෙනවා. ඒ තරම් විඳවලා මොකක්දෝ පිනක් තිබිලා මේ මිනිස් ලෝකයට ඇවිල්ලා දැන් ආරක්ෂා සහිතව ඉන්නවා. නමුත් මේ ආරක්ෂාව ස්ථිරද? මේ ආරක්ෂාව ස්ථාවර කරගන්නට තමයි දැන් අපි මහන්සි වෙන්නේ.

5. විඤ්ඤාණස්කන්ධයේ බර

බුදුරජාණන් වහන්සේ වදාළා, ඒ වගේම විඤ්ඤාණයත් බරක්. අපි ඇහෙන් රූප දකිනවා. චක්ඛු විඤ්ඤාණය හටගන්නවා. කනේ, නාසයේ, දිවේ, කයේ විඤ්ඤාණය හටගන්නවා. මනසේ විඤ්ඤාණය හටගන්නවා. මේ හටගන්නා විඤ්ඤාණය බරක්.

මේ බර සුළුපටු බරක් නෙවෙයි. මේ බර අපට තියෙනවා. නමුත් මේක බරක් ය කියන කාරණයවත් අපි දැනගෙන හිටියේ නැහැ. අපි දැනගෙන හිටියේ ඇඟේ බර විතරයි. ගියා. කිරුවා. ආ... මම කිලෝ මෙච්චරයි කියලා කිව්වා. නමුත් අපි දැක්කේ නැහැ, වේදනාවල බර. අපට තේරුණේ නෑ සඤ්ඤාවේ බර. හඳුනා ගන්න ලෝකයේ බර අපි දැනගෙන හිටියේ නැහැ. චේතනාවකින් රැස්වෙන බර අපි හඳුනාගෙන හිටියේ නැහැ. විඤ්ඤාණයේ බර තේරුණේ නැහැ.

මහණකම වරද්දා ගැනීමේ බර...

මේ බර කොයිතරම්ද කියලා තේරුම් ගන්න දවසක් බුදුරජාණන් වහන්සේ භික්ෂූන් වහන්සේලාට කියනවා.

"මහණෙනි, අද මම පුදුම දෙයක් දැක්කා. අමුතු දෙයක් දැක්කා. අද මං දැක්කා භික්ෂූන් වහන්සේලා රංචුවක් ආකාසයෙන් ගියා. ඒ අය සිවුරු පොරවගෙන පාත්තරේ කරේ එල්ලගෙනයි හිටියේ. ඒ ඔක්කොම ගිනි ගන්නවා. කර්මානුරූපව ගිනි ගන්නවා. ගිජුලිහිණියෝ ඇවිත් ඒ අයගේ ඇට හිල් කරගෙන ඇට ලොඳ කනවා. මහණෙනි, ඔය කට්ටිය ඔක්කොම කාශ්‍යප බුදුරජාණන් වහන්සේගේ කාලයේ මහණකම වරද්ද ගත්තු අය."

එතකොට බලන්න. කොයිතරම් කාලයක් තිස්සේ කර්මානුරූපව ඒ බර කර ගහගෙන යනවද? දැන් මේ ජීවිතයේදී නම් චුට්ටක් එහා මෙහා වෙනකොට අපට හිතෙන්නේ මේ ඔක්කොම කරදර ඉවරයි මැරිලා ගියාම කියලා. අපට හිතෙන්නේ මැරුණයින් පස්සේ ඔක්කොම බර හැල්ලුවෙලා යනවා කියලයි. නමුත් මැරුණු ගමන් ආයෙමත් තමන් විසින් හදාගත්තු පොදියක් හම්බ වෙනවා. ඒක බාහිර කෙනෙක් විසින් හදපු දෙයක් නෙවෙයි. තමන් විසින් හදාගත්තු පොදියක් බර අරගෙනයි එහාට යන්නේ.

ආර්ය ශ්‍රාවකත්වයෙන් පිට ආරක්ෂාවක් නෑ...

තිසරණය හරියට පිහිටලා ආර්ය සත්‍ය කරා කෙනෙක් යනවා නම් එයා ආර්ය ශ්‍රාවකයෙක් වෙනවා. එහෙම නැති කවුරුවත් ආර්ය ශ්‍රාවකයෙක් නෙවෙයි. එයාට ආරක්ෂාවක් නැහැ. අපි කියමු, අමනුස්සයෙක්ව අදහනවා කියලා. ඒ අමනුස්සයාව අදහන්නේ ආරක්ෂාවක් පතාගෙනයි. නමුත් එයාට ආරක්ෂාවක් නැහැ.

අපි දන්නවා. කණුවල පහන් තියලා ගම්භාර උන්නාන්සේට කියයි. ඊළඟට කඩවර උන්නාන්සේට කියයි. නමුත් මේ පහන්වලට අරක් ගන්නේ අමනුස්සයොයි. අපි හිතමු එයා ලෙඩවුණා කියලා. ලෙඩවෙලා එයා ඉස්පිරිතාලයේ ඉන්නේ. අමනුස්සයා එයාව හොයාගෙන ඉස්පිරිතාලයට එනවා. එතකොට එයා කෑ ගහනවා. මේ කියන්නෙ ඇත්ත සිදුවීම්.

මරණය ඉදිරියේ අසරණ වෙන්නද කැමති...?

ඔබ දැකලා ඇති, මරණාසන්න වෙද්දී මේ දේවල් සිද්ධ වෙනවා. සමහර අය කෑ ගහනවා 'අන්න කවුද

ඇවිල්ලා මුල්ලේ ඉන්නවා' කියලා. ඉතින් අනික් කට්ටිය කියනවා 'නෑ... එහෙම කෙනෙක් නෑ' කියලා. 'අන්න අර නැතිවුණු බාප්පා ඇවිල්ල ඉන්නවා...' කියනවා. 'අන්න නැන්දා ඇවිල්ලා ඉන්නවා...' කියනවා. ඒ කියන්නේ මැරිලා භූත ලෝකයේ ඉපදිලා. පහන් පත්තු කරන කොට, පූජා වට්ටි තියන කොට ඒගොල්ලෝ තමයි බැල්ම හෙලාගෙන හිටියේ. අන්න ඒ අය ලෙඩාගේ විඤ්ඤාණය දුර්වල වේගෙන එද්දී පෙනී හිටිනවා.

මෙයාගේ ක්‍රියාකාරීත්වය අඩපණ වේගෙන එනවා. දැන් අර අමනුස්සයෝ 'මෙහාට වර...' කියලා අඬ ගහනවා. 'බෑ... බෑ... මට එන්න බෑ...' කියලා කියන්න බෑ එයාට. එයා ඒ අමනුස්සයන්ව අදහාගෙන හිටියා. එයාට උදව් කළා. එයා පිහිට ඉල්ලුවා. ඊට පස්සේ මෙයා යනවා. යනකොට පණ යනවා. ඊට පස්සේ එයත් අමනුස්සයින්ගේ ලෝකයේ ඉපදෙනවා. අන්න එහෙමයි තිසරණය අහිමි කරගත් ජනතාව අවසාන භාගයේ තමන්ගේ ඉරණම හදාගන්නේ.

මරණ මොහොතේත් එකම රැකවරණය...

තිසරණයේ පිහිටි කෙනා චේතනාත්මකව ආර්ය සත්‍යය අවබෝධ කරන්න මහන්සි වෙනකොට, මහා බලවත් කුසල කර්මයක් තමයි හිතේ ඇතිවෙලා තියෙන්නේ. එයා ආර්ය සත්‍ය කරා යනවා. එයා කවදාවත් පෙරේත ලෝකයේ යන්නේ නැහැ. තිරිසන් ලෝකයේ, නිරයේ යන්නෙත් නැහැ. වැඩිම වුණොත් දෙවිවරු එයාට ඇවිත් කියාවි, 'අපේ ලෝකෙට යං...' කියලා. ඒත් එහෙම ගියත් එතැනදී එයා යන්නේ ආර්ය සත්‍යාවබෝධය කරා මිසක් වෙන සැප සම්පත් පස්සේ නෙවෙයි.

කේන්ද්‍රර පිළිඅරගෙන, වෙලාවල් බලලා ග්‍රහ අපල නැතිවෙන්න සරණක් හොයපු අය අපායේ යද්දී තිසරණේ පිහිටලා ආර්ය සත්‍යය හොයපු අය සුගතියේ යනවා.

ඒ වගේ සිදුවීමක් වුණා. එක අම්මා කෙනෙක් මරණාසන්නව ඉද්දී එයාට තව්තිසා දිව්‍ය ලෝකයෙන් දෙවිවරු ඇවිල්ලා තව්තිසාවට යන්න කතා කරනවා. ඒක මේ මෑත භාගයේ සිදුවුණු සත්‍ය සිදුවීමක්.

බර අරගෙන යන 'පුද්ගලයා...'

බුදුරජාණන් වහන්සේ වදාළා, ඒ විදිහට බරක් තියෙනවා. ඊළඟට මේ බර අරගෙන යන එක්කෙනෙක් ඉන්නවා. එයාට කියන්නේ 'පුද්ගලයා' කියලයි. **(පුග්ගලෝ තිස්ස වචනීයං)**

සමහරු බුදුරජාණන් වහන්සේගේ ධර්මය ගැන කතා කරගෙන යනකොට කියනවා සත්වයෙක් පුද්ගලයෙක් නැහැ කියලා. බුදුරජාණන් වහන්සේ මේ භාර සූත්‍ර දේශනාවේදී දේශනා කරනවා, "මහණෙනි, බර අරගෙන යන්නේ පුද්ගලයායි" කියලා. එහෙම නම් සත්වයෙක් පුද්ගලයෙක් ඉන්නවා. නැත්තේ ආත්මයකුයි. හොඳට මතක තියාගන්න, තමන්ගේ වසඟයේ පැවැත්විය හැකි යමක් තමයි නැත්තේ. සත්වයෝ පුද්ගලයෝ ඉන්නවා. ආත්මයකුයි නැත්තේ.

අපි කතා කරද්දී කියනවා, "ඔය මනුස්සයට ආත්මයක් නැතෙයි" කියලා. ඒ කියන්නේ පව්කාර මිනිසුන්ට මැරිලා යන්න තැනක් නැහැ කියලයි. ඒ කියන්නේ ඒ අයට යන්න සුගතියක් නැතෙයි කියන එකයි. නමුත් මෙතැන ආත්මයක් නැහැ කියලා කිව්වේ තමාගේ වසඟයේ පවත්වාගත හැකි දෙයක් නැති බවයි. නමුත් පුද්ගලයෝ ඉන්නවා.

'ස්ත්‍රී' කියලා පිරිසක් ඉන්නවා. 'පුරුෂ' කියලා පිරිසක් ඉන්නවා. ළමයි කියලා ඉන්නවා. රහතන් වහන්සේ කියලා උත්තමයින් කොටසක් ඉන්නවා. බුදුරජාණන් වහන්සේ කියලා ශ්‍රේෂ්ඨ උත්තමයෙක් ඉන්නවා. පසේබුදුරජාණන් වහන්සේලා ඉන්නවා.

අනවබෝධයෙන් කියන හරසුන් ප්‍රකාශ...

අපි කියමු, කවුරු හරි රහතන් වහන්සේ නමක් ඝාතනය කරනවා කියලා. එතකොට "සත්වයෙක් පුද්ගලයෙක් නැත... ඒ නිසා කර්මයක් වෙන්නෙ නැහැ.." කියන්න බැහැනේ. රහතන් වහන්සේ කියන පුද්ගලයාව ඝාතනය කරපු නිසා එයාට ආනන්තරීය පාපකර්මයක් සිද්ධ වෙනවා. ඒ නිසා මේ ජීවිතය ගැන හරියටම තේරුම් අරගෙනයි අපි ධර්මය ඉගෙන ගන්ට ඕන. "සත්වයෙක් පුද්ගලයෙක් නැතය... ඉපදි ඉපදි, බිඳි-බිඳී යන නාමරූප දෙකක් විතරය තියෙන්නේ..." කියන කතාව නිකං කියාගෙන යන එකක් මිසක් අවබෝධයකින් කියන දෙයක් නෙවෙයි. මේ ධර්මය තුළ කියවෙන්නේ සත්වයෝ පුද්ගලයොත් ඉන්නවා. නාමරූපත් තියෙනවා. නැත්තේ ආත්මයක් විතරයි.

මේ රූප, වේදනා, සංඥා, සංඛාර, විඤ්ඤාණ කියන පහම ආත්මයක් තිබිලා පවතිනවා නෙවෙයි. හේතු නිසා පවතිනවා. හේතු නැතිවීමෙන් නැතුව යනවා. මෙන්න මේ ලෝක ධර්මය තමන්ගේ ජීවිතය තුළ දකින්න පුළුවන්කම ඇති කර ගත යුතුයි.

බුදුරජාණන් වහන්සේ වදාළා, බර තියෙනවා. බර අරගෙන යන කෙනෙකුත් ඉන්නවා. මේ බර කොහොමද අපි අරගෙන යන්නේ? කර ගහගෙනයි.

බර කරට ගැනීම...

"පින්වත් මහණෙනි, බර කර ගහගැනීම කියන්නේ මොකක්ද? ආයෙමත් භවයක් හැදෙන, ගිය ගිය තැන සතුටින් පිළිගන්න, ආයෙ ආයෙමත් භවයක් හැදෙන තෘෂ්ණාවටයි බර කරගහ ගන්නවා කියන්නේ. ඒ බර නැමැති තෘෂ්ණාව තුන් ආකාරයයි.

1. කාමයට ඇලෙනවා
2. භවයට ඇලෙනවා
3. විභවයට ඇලෙනවා

අපේ භාෂාවෙන් කියනවා නම් රූප, ශබ්ද, ගන්ධ, රස, ස්පර්ශවලට ආසයි. ඒවා පවත්වන්නත් ආසයි. ඒවා නවත්වන්නත් ආසයි. හිතයි, කයයි නොදැනී යන්න භාවනා කරන්නේ විභව තණ්හාවෙනුයි.

පෝෂණය කරලා තියෙන්නේ විභව තණ්හාව...

හේතුඵල දහම ගැන දන්නේ නැති කෙනෙක් හිතනවා ඉපදෙන්නේ නැත්නම් කොයිතරම් හොඳද කියලා. එයා හිතනවා 'ඉපදෙන්නේ නාමරූප නිසා නෙව... හිතයි, කයයි නිසානේ ඉපදෙන්නේ... හිතයි කයයි නැත්නම් කොයිතරම් හොඳද?' කියලා. දැන් මෙයා තුළ වැඩෙන්නේ විභව තණ්හාවයි. මොකද එයා දන්නේ නැහැ 'හිතයි, කයයි නිසා ඇති වූ ප්‍රශ්නයක් නෙවේ ය මෙතැන තියෙන්නේ. තෘෂ්ණාව නිසා ඇති වූ ප්‍රශ්නයක්ය' කියලා. විභව තණ්හාව තියෙන කෙනා ඒ කාරණය දන්නේ නැහැ. ඊට පස්සේ එයා හිතයි, කයයි නොදැනී යන භාවනා කරනවා. එහෙම කරද්දී වැඩෙන්නේ විභව තෘෂ්ණාවයි.

එයා දන්නේ නැහැ, විභව තෘෂ්ණාව වැඩුණු බවවත්. අන්තිමේදී මැරිලා ගිහින් එයා උපදිනවා හිත කය නොතේරෙන ලෝකයක. එතැනත් කර්මයක් හැදෙනවා. නින්දට අපේ ආසාවක් තියෙනවා නේද? නින්දට ආසාව තියෙන්නේ හීන බලන්නද? එහෙම නැත්නම් නිදාගත්තාම ඇතිවෙන සනීපයටද? ඒ සනීපයටයි අපි කැමති. එහෙම නම් නිදාගැනීම තුළත් සනීපයක් තියෙනවා. ඒ වගේ හිතයි, කයයි නොදැනී ගියාමත් එතැන සනීපයක් තියෙනවා. අන්න ඒ සනීපයට ආස කිරීම විභව තණ්හාවයි.

මේ පෙන්වා දුන් ත්‍රිවිධ තෘෂ්ණාවම ඇල්ම දුරු කළ යුතු දේවල් බව අපට තේරෙන්නේ නැතුව ඒවට අපි ඇල්ම ඇති කර ගන්නවා. අන්න එතකොට බර කරට ගත්තා. ඉස්සර වෙලාම අපි කරන්නේ ඇල්ම නැති කිරීම නෙවෙයි. මෙන්න මේ වගේ සිදුවීමක් ජීවිතය තුළ සිද්ධ වෙන බව අවබෝධ කර ගැනීමයි.

සෝතාපන්න ශ්‍රාවිකාවකගේ අභිමානය...

විශාඛා මහෝපාසිකාව හත් හැවිරිදි වියේදී සෝතාපන්න වුණා. එයා විවාහ වුණේ මිථ්‍යා දෘෂ්ටිය තියෙන පවුලකයි. මෙතැන ඉන්න සියලු දෙනාගේම කනකර ආභරණ එකතු කළත් විශාඛාව පැළඳි ආභරණයේ වටිනාකම ගන්න බැහැ. ඒක කෝටි විසිහතක් වටිනවා. ඒ කාලයේ කෝටි විසිහතක් කිව්වාම අදට කොයිතරම් වටිනාකමක් ඇද්ද?

නමුත් විශාඛාවට තිබුණේ පුදුම තීක්ෂණ නුවණක්. ගිහි ජීවිතය ගත කළාට ඇය ජීවිතය ගැන දන්නවා. ජීවිතය කියන්නේ මේ මේ ආකාරයේ දෙයක් ය කියලා දන්නවා. ඇය ජීවිතයේ අනිත්‍ය බව දන්නවා. ජීවිතය කියන්නේ

දුකක් බව දන්නවා. ජීවිතය අනාත්ම බව අවබෝධ කරගෙනයි හිටියේ. එයා විවාහ වුණා. ඇය හොඳ අම්මා කෙනෙක්. දරුවෝ ගොඩාක් ලැබුණා. දරුවන්ට හරි ආදරෙයි.

සෝතාපන්න කෙනාට පවා ආශාව උපදිනවා...

ඒ කාලයේ ඉන්දියාවේ තිබුණු සිරිතක් තමයි මරණයක් වුණාම කොණ්ඩෙ තෙමාගන්න එක. කොණ්ඩෙ තෙමාගෙන තෙත පිටින් යනකොට අනිත් අය දැනගන්නවා, ඒ ගෙදර මරණයක් සිද්ධ වූ බව. ඉතින් දවසක් විශාඛාව කොණ්ඩෙ තෙමාගෙන ජේතවනාරාමයට ආවා. ඒ වෙලාවේ බුදුරජාණන් වහන්සේ අහනවා,

"විශාඛාව මොකද වුණේ? මරණයක් සිද්ධ වුණාද?"

"බුදුරජාණන් වහන්ස, මගේ මිණිබිරියක් මිය ගියා. මේ ඒ මිණිබිරියගේ අවසන් කටයුතු සිද්ධ කරල එන ගමන්..."

බුදුරජාණන් වහන්සේ දැක්කා, විශාඛාවගේ හිතේ මේ මැරුණු දරුවා ගැන පුංචි දුකක් තියෙන බව.

"විශාඛා, ඒ මැරුණු දරුවා ඇත්තටම හොඳ ළමයෙක් වෙන්න ඇති නේද?"

"අනේ ස්වාමීනි, ඔව්. ඒ දරුවා ඉන්න කොට ගේ පිරිලා. හරිම හුරතල් දරුවෙක්..."

"එහෙම නම් විශාඛා, ඔබ කැමතිද මේ සැවැත් නුවර ඉන්න ඔක්කොම දරුවෝ ඔයාගේ මිණිබිරියෝ වෙනවට...?"

"අනේ ස්වාමීනී, එහෙම නම් කොයිතරම් හොඳ දෙයක්ද? මං එහෙම නම් ඒ හුරතල් පැටව් ටික පිරිවරාගෙන සන්තෝෂයෙන් ඉන්නවා."

ප්‍රිය ස්වභාවයෙන් පැමිණි අමිහිරි දුක...

බලන්න, මේ මාර්ගඵල ලබපු එක්කෙනෙක්ගේ අදහස්. ඊළඟට බුදුරජාණන් වහන්සේ අහනවා,

"විශාඛා, සැවැත් නුවර දවසට චුටි ළමයි කීදෙනෙක් මැරෙනවද?"

"ස්වාමීනී, මේ නගරය විශාලයි. ළමයි ප්‍රමාණය වැඩියි. සමහර දවස්වලට එක්කෙනෙක් මැරෙනවා. දෙන්නෙක් මැරෙනවා. තුන්දෙනෙක් මැරෙනවා."

"එහෙම නම් විශාඛා, ඔයාට හැමදාම කොණ්ඩෙ තෙමාගෙනයි ඉන්න වෙන්නේ."

මේක කියපු ගමන් විශාඛාවට තේරුණා. බලන්න බුදුරජාණන් වහන්සේ ඉතාම සියුම් විදිහට එයාට ධර්මය මතක් කරල දුන්නා. උන්වහන්සේ එහෙම කිව්වා විතරයි විශාඛාව කියනවා,

"අනේ ස්වාමීනී, මට එක මිණිබිරියෙක්වත් එපා!" බලන්න, එකපාරටම විශාඛාවට තේරුණා ඒක බරක් බව. කලින් ඕනකමක් ඇතිවුණා. ඒ ඕනකම ඉටුකර ගත්තා නම් කරට ගන්නේ බරයි. මේ බව තේරුම් අරගෙන විශාඛාව ඒක හිතෙන් අත්හැරියා. අන්න බලන්න, මාර්ගඵලලාභී ගිහි අයට ධර්මය තුළ ඉන්න පුළුවන්කම නිසයි ඒ අවබෝධය ලැබුවේ.

එහෙම නම් බර කරට ගන්නවා කියන්නේ තෘෂ්ණාවටයි. දැන් අපට බරක් තියෙනවා. බර අරගෙනත් යනවා. බර කරේ තියාගෙනත් ඉන්නවා. අපට නැත්තේ මොකක්ද?

බර විසි කිරීම...

"මහණෙනි, බර විසි කිරීම කියන්නේ මොකක්ද? කාම තෘෂ්ණාව, භව තෘෂ්ණාව, විභව තෘෂ්ණාව කියන මේ ත්‍රිවිධ තෘෂ්ණාවම ඉතිරි නැතුව නිරුද්ධ කරලා දැමුවොත්, දුරු කරලා දැමුවොත්, බැහැර කරලා දැමුවොත් තෘෂ්ණාවම දුරු කිරීමෙන් බැහැර කිරීමෙන්, නිරුද්ධ කිරීමෙන් එයා බර විසි කළ කෙනෙක් වෙනවා. එයා ඒ සියලු බර වීසි කළා."

දැන් තේරුණාද, බර විසි කළ රහතන් වහන්සේට **'ඕහිත භාරෝ'** කියලා කියන්නේ ඇයි කියලා? එහෙම කියන්නේ තෘෂ්ණාව ප්‍රහාණය කළා කියන අර්ථයෙනුයි.

එහෙම නම් අපි දුක් විඳින්නේ බර කරට ගත්තු නිසයි. බර අත්හැරපු දවසට අපි දුකෙන් නිදහස් වෙනවා. එහෙම නම් මේ තෘෂ්ණාව නැති කරන්නටයි බුදුරජාණන් වහන්සේගේ ධර්මය තියෙන්නේ.

ලෝකයේ තියෙන සියලුම ධර්මයන්ට වඩා බුදුරජාණන් වහන්සේගේ ධර්මය වෙනස් වෙනවා. එහෙම වෙන්නේ තෘෂ්ණාව නැති කරන්න කියලා කියන්නේ බුදුරජාණන් වහන්සේගේ ධර්මයේ විතරක් නිසයි. අනෙක් ආගම් දර්ශනවල මේ බව නොකියන්නේ යථාර්ථය අවබෝධ කරපු මුනිවරු ඒ ශාසනවල නෑ.

යථාර්ථය අවබෝධ කරපු, ආර්ය සත්‍යය අවබෝධ කරපු මුනිරජාණන් වහන්සේ පහළ වෙලා ඉන්නේ බුද්ධ ශාසනයේ විතරයි. අන්න ඒ නිසයි බුද්ධ ශාසනය තුළ ඒ ගැන කියලා දෙන්නේ.

ඔබත් බර විසිකරන කෙනෙක් වෙන්න...

අපි දන්නවා. ඒ බර විසිකරන සැලැස්ම මේ ජීවිතයේදී ලබා ගත්තොත්, එයා ටිකෙන් ටික, ටිකෙන් ටික ඒ බර විසි කරනවා. ඇයි එයා ඒ බර කරගහගන්නේ නැතුව විසි කරන්නේ? එයා දන්නවා බර කරට ගත්තාම හැදෙන්නේ බරමයි. බරට බුදුරජාණන් වහන්සේ පාවිච්චි කළා වචනයක් '**සංඛිත්තේන පංචුපාදානක්ඛන්ධා දුක්ඛා**' කියලා. කෙටියෙන් කියනවා නම් මේ පංච උපාදානස්කන්ධයම දුකයි.

එහෙම නම් මේ දුකට තමයි උන්වහන්සේ බර කියලා කියන්නේ. මේ දුක හැදෙන්නේ තෘෂ්ණාවෙන්. මේ දුක් විඳින කෙනා පුද්ගලයා. පුද්ගලයා දුක් විඳ විඳ දුක කර ගහනවා. ඒක තමයි තෘෂ්ණාව කියන්නේ. දුක විසි කළා කියන්නේ තෘෂ්ණාව නැති කළා.

වෙනස් වුණේ සාරියද, සිතද...?

හොඳට බලන්න, අපේ ජීවිතය තුළින් ඇල්ම නැති දෙයක් කිසි ගාණක් නැතුව අපි අත්හරිනවා නේද? අපි ගනිමු සාරියක්. ඔන්න ලස්සනට හැඩ වැඩ දාලා සාරියක් තියාගන්නවා. ඔන්න තමන් වයසට යනවා. වයසට ගියාට පස්සේ බෝඩර් දාපු අර ලස්සන සාරිය පරණ වෙලා. දැන් එයාට ඒ සාරිය ගත්තට ඒ පරණ ආශාව ඇතිවෙන්නේ නෑ. ඒ නිසා එයා ඒ සාරිය 'ඔන්න ළමයෝ මේක ගන්න...' කියලා කිසි ගාණක් නැතුව කාට හරි ඒක දෙනවා. නමුත් සාරිය ගත්ත අළුත නම් ඒක පෙන්වන්නෙවත් නැහැ. කාටවත් අල්ලන්න දෙන්නෙත් නෑ. එතකොට බලන්න, මේ වෙනස් වුණේ සාරියද? හිතද? හිතයි වෙනස් වුණේ. සාරිය පරණ වේගෙන යද්දී හිතේ තියෙන ඇල්ම නැතිවුණා.

තරුණ කාලයේ ගොඩාක් රත්තරන් බඩු එකතු කරපු එක අම්මා කෙනෙක් හිටියා. ඒ අම්මා වයසට යද්දී බණ භාවනා කරන්න ගත්තා. එතකොට අර රත්තරන් බඩුවලට තිබුණු ආශාව නැතුව ගියා. ඊට පස්සේ ඒ ඔක්කෝම කිසි ගාණක් නැතුව දරුවන්ට බෙදලා දුන්නා. එයා ඒ රත්තරන් බඩු ඔක්කෝම හිතින් අත්හැරියා. එතකොට බලන්න, බර හැල්லු වුණේ නැද්ද?

බර විසිකරපු නිදහස් සිතක්...

අපට පුළුවන් නම් ඒ විදිහට ඇස අත්හරින්න... කන අත්හරින්න... නාසය අත්හරින්න... දිව අත්හරින්න... ශරීරය අත්හරින්න... හිත අත්හරින්න... බර ඉවරයි. බර විසි කළා.

ඒ වගේම අපට පුළුවන් නම් ඒ විදිහට ඇහැට පෙනෙන රූප අත්හරින්න... අපට පුළුවන් නම් ඒ විදිහට ශබ්ද අත්හරින්න... නාසයට දැනෙන ගඳ සුවඳ අත්හරින්න... දිවට දැනෙන රස අත්හරින්න... කයට දැනෙන පහස අත්හරින්න... හිතට හිතෙන දේවල් අත්හරින්න... එහෙම නම් අපිත් බර විසි කරලා.

එතකොට අත්හරිනවා කියන්නේ ඒ කෙරෙහි තිබුණු තෘෂ්ණාව අත්හැරීමයි. තෘෂ්ණාව අත්හරින්නේ කොහොමද? ඒක නිකන් කරන්න බැහැ. ඒ සඳහා අල්ලගෙන ඉන්න දේ අනිත්‍යයි කියලා අවබෝධ වෙන්න ඕන. ඒ අල්ලගෙන ඉන්න දේ දුක හදන එකක් කියලා අවබෝධ වෙන්න ඕන. ඒ අල්ලගෙන ඉන්න දේ තමන්ගේ වසඟයේ පවත්වන්න බෑ කියලා අවබෝධ වෙන්න ඕන. අන්න ඒ අවබෝධය ටිකෙන් ටික ජීවිතයට ඇතිවෙද්දී තමයි තේරෙන්නේ, මේක අත්හරින්න ඕන කියලා.

ලද වාසනාව දිවි හිමියෙන් රැකගන්න...

පින්වතුනි, කවදා හරි අපි අත්හරින අයයි. මෙතැන ඇවිත් ඉන්න සියලු දෙනාම කවදා හරි බර විසි කරන අයයි. බර කර ගහගත්ත අය නම් මෙතැනට එන්නේ නැහැ. මෙතැනට ඇවිත් කල්පනා කරන්නේ ජීවිතය ගැනයි. ඒකයි බුදුරජාණන් වහන්සේ වදාළේ, මේ ධර්මය අවබෝධ කරන්නේ බුද්ධිමත් කෙනා බව. අපේ වාසනාවට අපට පුළුවන් වුණා මේ හැල හැප්පිලි මැද්දෙන් ජීවිතය ගැන ගැඹුරක් හිතන්නට. ඒක පුංචි ලාභයක් නෙවෙයි.

දවසක් මගේ ධර්ම දේශනාවකට සවන් දීලා තරුණ දුවක් අඬාගෙන ආවා.

"අනේ ස්වාමීනී, මට නම් මේ සංසාරය එපා!"

"දුව, මීට කලින් ජීවිතවල ඇතිවෙන්න නැතුව ඇති ඔය සිදුවීම. ඒ නිසා දිගින් දිගටම ඔයා මේ සංසාරයේ ආවා. නමුත් ඔයාට අද මේ සංසාරෙ එපා කියලා සිතුවිල්ලක් ඇතිවුණා. මං ඔයා වෙනුවෙන් එක ඉල්ලීමක් කරන්නම්. ඔය සිතුවිල්ල නම් නැතිකර ගන්න එපා."

ඇයි මම එහෙම කිව්වේ? ඒ සිතුවිල්ල ආයෙ නැතිවෙලා යනවා. ඊට පස්සේ ආයෙමත් මේ ලෝකය ඕන වෙනවා. ඊට පස්සේ ආයෙමත් මේ ලෝකය එපා වෙනවා. ඊට පස්සේ ආයෙමත් මේ ලෝකය ඕන වෙනවා. ආයෙමත් එපා වෙනවා. ඕන වෙනවා. එයාට ඕන වෙනවා, එපා වෙනවා විතරයි. එපා වුණා කියලා අපට අත්හරින්න දන්නේ නැහැ.

සැබෑ කළකිරීම පරම ගම්භීර දෙයක්...

ඔන්න කෙනෙක් හිතනවා, 'මං ජීවිතය ගැන

කළකිරිලා ඉන්නේ... ඒ නිසා මං කැමතියි මැරෙන්න...' කියලා. නමුත් එයා ඇත්තෙන්ම කළකිරිලා නැහැ. එයාට ඕන පරිසරය වෙනස් කරන්නයි. එයා මැරෙන්න හදන්නේ කළකිරිලා නෙවෙයි. එයාට ඕන පැනලා යන්නයි. එපා වූ දෙයින් පැනලා යන්නයි එයාට ඕන. එයා හිතනවා, දිවි නසා ගත්තාම හරි කියලා. එයාට එපා වෙලා තියෙන්නේ ඉන්න තැන විතරයි. ඒ මොකුත් නැත්නම් එයා කැමතියි. නමුත් කළකිරෙනවා කියන්නේ එහෙම එකක් නෙවෙයි.

කළකිරෙනවා නම් ඒක අවබෝධයක්. ඒ විදිහට අවබෝධයෙන් කළකිරෙන කෙනා අත්හරින්නේ හිනහවෙවී. අන්න ඒකයි වෙනස. අවබෝධයෙන් කළකිරෙන්නේ නැති එක්කෙනා 'අනිත්‍යයි... අනිත්‍යයි...' කියලත් මුහුණ එල්ල ගන්නවා. එතකොට එයා අනිත්‍ය දැකලද? අනිත්‍ය දෙයක් දැක්කා නම් මුහුණ එල්ල ගන්න ඕන නැහැ. එයාට තියෙන්නේ අනිත්‍ය දේ අනිත්‍යයි කියලා දැකලා ඒ අවබෝධය ලැබීම ගැන සතුටෙන් ඉන්නයි.

අනිත්‍ය තේරුම් ගෙන කඳුළට සමු දෙමු...

සමහර අය එහෙම නැතුව මුහුණ එල්ලගෙන, කබ කඳුළු හලාගෙන ඉන්නවා. 'ඇයි මේ...?' කියලා ඇහුවාම එයා කියන්නේ 'මං මේ අනිත්‍යය වඩනවා...' කියලයි. ඊට පස්සේ ගෙදර ඉන්න අය කියන්නේ 'මේ ස්වාමීන් වහන්සේලා අනිත්‍යයි කියලා කියා දීලා ඔන්න අවුල් හදලා' කියලනේ. ඊට පස්සේ අහක හිටපු අපිත් බැනුම් අහනවා. එහෙම සිද්ධ වෙන්නේ, ඒ අය අනිත්‍ය ගැන නෙවෙයි තේරුම් අරගෙන ඉන්නේ.

අපි කියමු, ඔන්න ගෙදර අතුගාලා නැහැ. වළං පිඟන් හෝදලා නැහැ. ඇඳුම් හෝදලා නැහැ. ගෙදර

අය අහනවා 'මොකද මේ...?' 'මං මේ දවස්වල අනිත්‍ය වඩනවා' කියනවා. මෙයා මේ අනිත්‍යය ගැන තේරුම් අරගෙන නෙවෙයි. මං මේ කියන්නේ මේ විදිහේ අය ඉන්න නිසයි. ඒ අනිත්‍ය වඩලා නෙවෙයි. ඒක වෙන මොකක්ද මනස්ගාතයක්.

අනිත්‍යය වඩන කෙනා ලස්සනයි...

අනිත්‍යය වඩනවා නම් එයා ලස්සනට පිරිසිදු කරලා තියා ගන්නවා. ගෙවල් දොරවල් ලස්සනට තියා ගන්නවා. ලස්සනට පිරිසිදුව ඇඳුම් අඳිනවා. පිරිසිදුකම ගැන බුදුරජාණන් වහන්සේ තරම් කවුරුවත් කියලා නැහැ. බුදුරජාණන් වහන්සේ මොනතරම් පිරිසිදුකම අගය කළාද කියන්නේ, වැලක සිවුරක් දාන්න කලින් පවා ඇඟිලි තුඩුවලින් ඒ වැල දිගට ඇදගෙන යන්න කියලා තියෙනවා. එතකොට වැලේ දූවිලි තියෙනවා නම් පිසදැමිලා අතට එනවා. ඊට පස්සේ තමයි සිවුර දාන්න කියන්නේ. එතකොට සිවුරේ දූවිලි ගෑවෙන්නේ නැහැ. ඒ තරමට පිරිසිදුකම ගැන බුදුරජාණන් වහන්සේ අගය කරලා තියෙනවා.

මකුළු දැල් කඩන එක ගැන පවා කියලා තියෙනවා. සාමාන්‍ය ජීවිතය ගතකරන කෙනෙක් අනිත්‍ය ගැන සිහි කරනවා නම් එයා ලස්සනට ඉන්න කෙනෙක්. අපේ රටේ වැරදි වැටහීමක් තියෙනවා, 'අනිත්‍ය ගැන මෙනෙහි කරන අය මුහුණ එල්ලගෙන, මූසල විදිහට ඉන්නවා' කියලා. එහෙම එකක් නැහැ. එහෙම නම් එයාට අනිත්‍ය අහුවෙලා නැහැ. අනිත්‍ය අහුවුණා නම් එයා සතුටින් ඉන්නවා. ලස්සනට ඉන්නවා. මොකද එයා දක්ෂ වෙනවා, අනිත්‍ය දේ අනිත්‍ය විදිහට දකින්න. ඒ නිසා එයාට ඒ

ගැන කණගාටුවක් නැහැ. එහෙම නැතුව අතුපතු ගාන්නේ නැතුව, මුහුණ එල්ලගෙන අනිත්‍ය වඩනවා කියන කෙනා අනිත්‍ය දේ නැතිවෙලා ගියාමත් අඬනවා. එහෙම නම් එයා ජීවිතය ගැන අවබෝධයක් ඇතිකරගෙන නැහැ.

අනිත්‍ය සිහිකිරීම ගිහි ජීවිතයට බාධාවක්ද...?

බලන්න, විශාඛාව වගේ සෝතාපන්න අය ගිහි ජීවිතයක් ගත කරගෙන දරුවොත් හදාගෙන, යුතුකම් ඉෂ්ට කරගෙන, වෙහෙර විහාර හදාගෙන, ලස්සනට හිටියා. අන්න එහෙම නම් තේරුම් ගන්න, මේ ධර්මය කරා යන කෙනාට තමයි සතුටින් වැඩ කරන්න පුළුවන්. ඒ නිසා චතුරාර්ය සත්‍යාවබෝධය කරා යන ජීවිතය ලස්සන විය යුතුයි. එතකොට අනිත් පිරිස මැද්දෙන් එයාගේ ජීවිතය කැපී පෙනෙනවා.

අනිත්‍ය ගැන සිහි කිරීම ජීවිතයට බාධාවක් කියලා බොහෝ දෙනා හිතාගෙන ඉන්නවා. සමහර ස්වාමීන් වහන්සේලා පවා අනිත්‍ය ගැන කතා කරනවට අකමැතියි. ඒක තනිකරම මිථ්‍යා දෘෂ්ටියක්. අනිත්‍ය ගැන සිහිකිරීමම තමයි ජීවිතය සාර්ථක වෙන්න හේතුව. අනිත්‍ය ගැන දන්න කෙනාගේ ජීවිතය තුළ විශාල පරිවර්තනයක් සිදුවෙනවා.

ප්‍රඥාව උපදවා ගැනීමට පරක්කු වෙන්න එපා!

ඒ වගේ ධර්මයක් කතා කරන්නේ බුදුරජාණන් වහන්සේ පමණයි. ඉතින් මේ පින්වතුන් සතුටු වෙන්න ඕන, මේ වගේ කාලයක අලුත් ඉරක් පායනවා වගේ බුදුරජාණන් වහන්සේගේ ධර්මය ලැබෙන කොට අපි ඒ ධර්මය තුළ චතුරාර්ය සත්‍යය කරා යන්නම කල්පනා කරන්න ඕන. වෙන කිසිම ඉලක්කයක් තියාගන්න එපා.

ඔබේ ජීවිතයක තියෙන වැදගත්ම සංසිද්ධිය, පරිපූර්ණ ආකල්පය 'චතුරාර්ය සත්‍යාවබෝධය' කියන ඒ පාරිශුද්ධ ප්‍රාර්ථනාව කරගන්න. අනිත් දේවල් ඔක්කෝම එතැනින් පහළ තියෙන්නේ. ඒක කල් දැමීම නෙවෙයි කරන්න තියෙන්නේ. මේ ජීවිතය තුළම අවබෝධ කරගැනීමයි කළ යුතු වන්නේ. ප්‍රඥාව ඇති කරන දේ කල් දාලා මෝඩකමට අදාළ දේවල් ගන්න තමයි අපි සාමාන්‍යයෙන් පෙළඹෙන්නේ. එතකොට අපි අමාරුවේ වැටෙනවා. කොච්චර කල් දැම්මාද කියනවා නම් මෛත්‍රී බුද්ධ ශාසනයට කල් දැම්මා. ඒකෙන් ජීවිතයට කොයිතරම් අනතුරක්ද?

වාසනාවන්ත යුගයක වාසනාවන්තයින් වෙමු...

චතුරාර්ය සත්‍යාවබෝධය කරා යන්නේ ප්‍රඥාවන්ත අය. ඒ ප්‍රඥාව තමයි ආර්ය ප්‍රඥාව. ඒකට තමයි සම්මා දිට්ඨිය කියන්නේ. එහෙම නම් සම්මා දිට්ඨිය ලබාගැනීම අපි මේ ජීවිතේ දීම කරන්න ඕන. ඒ නිසා තවදුරටත් මේ පින්වතුන්ට සම්මා දිට්ඨිය ඇතිකර ගන්න පුළුවන්. ඒ සම්මා දිට්ඨිය තුළ රැඳී ඉන්න පුළුවන්. චතුරාර්ය සත්‍යයේ හිත පිහිටුවන්න පුළුවන්.

ඒ නිසා ඔබ සියලු දෙනාම බුදුරජාණන් වහන්සේ ගැන හොඳට හිතන්න. උන්වහන්සේගේ ධර්මය ගැන තේරුම් ගන්න. උන්වහන්සේගේ ශ්‍රාවක සංඝරත්නය ගැන හිතන්න. ඒ උතුම් තිසරණය තුළින් චතුරාර්ය සත්‍යාවබෝධය කරා ගමන් කරන්න. ධර්මය ඇහෙන මායිමේ අපි මේ ඉන්නේ. පුදුමාකාර වාසනාවන්ත කාලයක් තමයි මේ හමුවෙලා තියෙන්නේ. ඒ නිසා මේ

හැමදෙනාටම උතුම් චතුරාර්ය සත්‍ය අවබෝධ කරගැනීමේ වාසනාව උදාවේවා!

සාදු! සාදු!! සාදු!!!

නමෝ තස්ස භගවතෝ අරහතෝ සම්මාසම්බුද්ධස්ස
ඒ භාග්‍යවත් අරහත් සම්මා සම්බුදුරජාණන් වහන්සේට නමස්කාර වේවා!

03.
මහා බුදුගුණ ශාන්තිය

17. බබලන බුද්ධිමතාණෙනි වන්දේ
18. අමා සුවය රැඳි පුණ්‍යවතාණෙනි වන්දේ
19. හිමවත් පියසේ සෘෂිවරයාණෙනි වන්දේ
20. ගිජුකුළු පව්වේ සිංහ රජාණෙනි වන්දේ
21. පිවිතුරු හදමඩලාණෙනි වන්දේ
22. මනුලොව වැඩි මුනිදාණෙනි වන්දේ
23. තිලොවට ඉසිවරයාණෙනි වන්දේ
24. දෙව්රම් වෙහෙරේ මුනිවරයාණෙනි වන්දේ
25. සදහම් විදුධරයාණෙනි වන්දේ
26. නිවනේ සුවරැදියාණෙනි වන්දේ
27. දෙරණේ බුදු සමිඳාණෙනි වන්දේ
28. අමතදුන්දුහී වාදකයාණෙනි වන්දේ
29. වෙසඟේ ලොව ඉපදුන මුනිදාණෙනි වන්දේ
30. වෙසඟේ ලොව ජයගත් මුනිදාණෙනි වන්දේ
31. වෙසඟේ නිවනට වැඩි මුනිදාණෙනි වන්දේ
32. බුද්ධ දිවාකරයාණෙනි වන්දේ
33. සීල සුගන්ධිතයාණෙනි වන්දේ
34. සැනසිලි මඟ වඩිනා සුගතාණෙනි වන්දේ
35. ගිනිගත් සිත් නිවනා මුනිදාණෙනි වන්දේ
36. අඳුර එළිය කරනා මුනිදාණෙනි වන්දේ
37. මායාවෙන් ගැළවුන මුනිදාණෙනි වන්දේ
38. සමවත් සුව විඳියාණෙනි වන්දේ
39. සුවපත් සිත් ඇතියාණෙනි වන්දේ
40. මිහිකත සනහා වැඩි මුනිදාණෙනි වන්දේ
41. දමනය කළ ඉඳුරන් ඇතියාණෙනි වන්දේ
42. කුරවීක නදින් යුතු මිහිරි සරාණෙනි වන්දේ
43. පුණ්‍ය විලාසිතයාණෙනි වන්දේ
44. ලෝක විරාජිතයාණෙනි වන්දේ
45. සුප්‍රභාතයේ හිරුමඩලාණෙනි වන්දේ
46. මරසෙන් පැරදූ සෙන්පතියාණෙනි වන්දේ

47. බෝ මැඩ ජයගත් බුද්ධරජාණෙනි වන්දේ
48. වජිරාසනයේ බුදු සමිඳාණෙනි වන්දේ
49. ලොව සනරාමරයාණෙනි වන්දේ
50. විමුක්තියේ ධජධාරණයාණෙනි වන්දේ
51. කිසිදා නොසැලෙන මුනිවරයාණෙනි වන්දේ
52. කිසිදා නොහඬන මුනි නිදුකාණෙනි වන්දේ
53. කිසිදා නොතැවෙන භාග්‍යවතාණෙනි වන්දේ
54. අමරණීය සම්බුදු සමිඳාණෙනි වන්දේ
55. බිය නැති සිංහරජාණෙනි වන්දේ
56. පව් නැති මුනිවරයාණෙනි වන්දේ
57. ගෞතම බුදු සමිඳාණෙනි වන්දේ
58. සැනසිලි දායකයාණෙනි වන්දේ
59. මහකරුණාබර භාග්‍යවතාණෙනි වන්දේ
60. රාග විරාගිතයාණෙනි වන්දේ
61. ද්වේෂ නසාලූ මෙත් ගඟුලාණෙනි වන්දේ
62. අරහං බුදු සමිඳාණෙනි වන්දේ
63. මෝහ විමෝහිතයාණෙනි වන්දේ
64. සම්මා සම්බුදු මුනිවරයාණෙනි වන්දේ
65. අහසින් වඩිනා බුදු සමිඳාණෙනි වන්දේ
66. දියමත වඩිනා ගුණමුහුඳාණෙනි වන්දේ
67. මිහිකත සිඹිනා පායුගයාණෙනි වන්දේ
68. පිවිතුරු ආදරයේ මුනිඳාණෙනි වන්දේ
69. අප වෙත වඩිනා බුදු සමිඳාණෙනි වන්දේ
70. අප වෙත නෙත් හෙළනා මුනිඳාණෙනි වන්දේ
71. අපගේ දුක දකිනා මුනිඳාණෙනි වන්දේ
72. ඒ දුක දුරුකරනා මුනිඳාණෙනි වන්දේ
73. කඳුලැලි පිස දමනා මුනිඳාණෙනි වන්දේ
74. සැනසිලි බස් දොඩනා මුනිඳාණෙනි වන්දේ
75. හද සනසන මුනිඳාණෙනි වන්දේ
76. අමා සිසිල බෙදනා මුනිඳාණෙනි වන්දේ

77. මගේම බුදු සමිඳාණෙනි වන්දේ
78. මගේම මොක් ඇඳුරාණෙනි වන්දේ
79. මගේම ධර්මරජාණෙනි වන්දේ
80. මගේ නිවන් සුවදායකයාණෙනි වන්දේ
81. මගේම බුද්ධ පියාණෙනි වන්දේ
82. ලෝක සිවංකරයාණෙනි වන්දේ
83. ම හදට වඩිනා බුදු සමිඳාණෙනි වන්දේ
84. සසරින් මා මුදවන මුනිඳාණෙනි වන්දේ
85. නුවණැස පාදාලන දිනිඳාණෙනි වන්දේ
86. මායාවෙන් මුදවන නිදුකාණෙනි වන්දේ
87. ආලෝකය දෙන හිරුමඬලාණෙනි වන්දේ
88. ලෝකවිදූ සම්බුදු සමිඳාණෙනි වන්දේ
89. දෙවියන්ගේ දෙවිඳාණෙනි වන්දේ
90. බඹලොව බඹඉසුරාණෙනි වන්දේ
91. තිලොවට ධර්මරජාණෙනි වන්දේ
92. තිලොවට භාග්‍යවතාණෙනි වන්දේ
93. පැහැසර වත කමලාණෙනි වන්දේ
94. නිල්වන් නෙත් ඇතියාණෙනි වන්දේ
95. රන්වන් රැස් ඇතියාණෙනි වන්දේ
96. මන්මත් කරවන පුණ්‍යවතාණෙනි වන්දේ
97. සිවුරෙන් වත දැවටූ මුනිඳාණෙනි වන්දේ
98. ලද දෙයකින් සැනසුණ මුනිඳාණෙනි වන්දේ
99. රුක් සෙවණේ සැතපුණ මුනිඳාණෙනි වන්දේ
100. අව්වැසි නොබලා වැඩි මුනිඳාණෙනි වන්දේ
101. ගමින් ගමට වැඩි බුදු සමිඳාණෙනි වන්දේ
102. රටින් රටට වැඩි භාග්‍යවතාණෙනි වන්දේ
103. හදින් හදට සැනසුම සැදුවාණෙනි වන්දේ
104. සසරින් එතෙරට වැඩි මුනිඳාණෙනි වන්දේ
105. කරුණා සීතල හදමඬලාණෙනි වන්දේ
106. විපතට පිළිසරණාණෙනි වන්දේ

107. අඳුරට හිරුමඬලාණෙනි වන්දේ
108. ගිමනට මේඝවළාවෙනි වන්දේ
109. පවසට දියකඳුරාණෙනි වන්දේ
110. දිව්මග සනසන පුණ්‍යවතාණෙනි වන්දේ
111. සැමදා සැනසෙන භාග්‍යවතාණෙනි වන්දේ
112. සැමදා හිනැහෙන මුනිවරයාණෙනි වන්දේ
113. සැමදා සුවදෙන දම් ගඟුලාණෙනි වන්දේ
114. සැමදා බබලන හිරුමඬලාණෙනි වන්දේ
115. ලෝක සුපූජිතයාණෙනි වන්දේ
116. සුන්දර සීලවතාණෙනි වන්දේ
117. විමුක්තිදායකයාණෙනි වන්දේ
118. සීත නිවන් දෙන භාග්‍යවතාණෙනි වන්දේ
119. පෙරුම් පුරා මනුලොව වැඩියාණෙනි වන්දේ
120. නිවන සොයා ගිය මුනිවරයාණෙනි වන්දේ
121. නිවන සොයා ගත් මුනිවරයාණෙනි වන්දේ
122. නිවන බෙදා දෙන මුනිවරයාණෙනි වන්දේ
123. නිවනට වැඩි මුනිඳාණෙනි වන්දේ
124. පින්බර නෙත් කැලුමාණෙනි වන්දේ
125. සිරි දළදා ඇති බුදු සමිඳාණෙනි වන්දේ
126. මිහිරි සිනහ ඇති මුනිවරයාණෙනි වන්දේ
127. බැම හකුලා නොබලන මුනිඳාණෙනි වන්දේ
128. ආදරයෙන් බලනා මුනිඳාණෙනි වන්දේ
129. වැළපෙන හද සනසන මුනිඳාණෙනි වන්දේ
130. විපතින් මා වළකන මුනිඳාණෙනි වන්දේ
131. ලෙඩ දුක් දුරුකරනා නිදුකාණෙනි වන්දේ
132. හැම පව් දුරුකරනා මුනිඳාණෙනි වන්දේ
133. විපත නසන සම්බුදු සමිඳාණෙනි වන්දේ
134. සැපත සදාලන බුදු සමිඳාණෙනි වන්දේ
135. භය දුරු කරනා බුදු සමිඳාණෙනි වන්දේ
136. නිරතුරු මා සුරකින මුනිඳාණෙනි වන්දේ

137. සැක දුරුලන මුනිඳාණෙනි වන්දේ
138. සදහම් නද පතුරන මුනිඳාණෙනි වන්දේ
139. මරණින් මා මුදවන්නාණෙනි වන්දේ
140. අමරණීය මග පෙන්වන්නාණෙනි වන්දේ
141. දෙව්සැප සලසන මුනිවරයාණෙනි වන්දේ
142. මනුසිරිදායකයාණෙනි වන්දේ
143. බිළිඳුන් සුරකින බුදු සමිඳාණෙනි වන්දේ
144. රෝ දුක් වළකන බුදු සමිඳාණෙනි වන්දේ
145. ගත සිත සනසන මුනි නිදුකාණෙනි වන්දේ
146. අම සුව සලසන බුදු සමිඳාණෙනි වන්දේ
147. මරණය නොදකින මුනිවරයාණෙනි වන්දේ
148. මෝක්ෂ සුගන්ධිතයාණෙනි වන්දේ
149. බුද්ධි ප්‍රබෝධිතයාණෙනි වන්දේ
150. වන්දනීය මුනි නන්දනයාණෙනි වන්දේ
151. පූජනීය අභිපූජිතයාණෙනි වන්දේ
152. ආශ්චර්ය වූ මුනිවරයාණෙනි වන්දේ
153. සදහම් බුදු රජිඳාණෙනි වන්දේ
154. බිය සැක නැති සිහ කේසරයාණෙනි වන්දේ
155. රළු ගති නැති මුදු කෝමළයාණෙනි වන්දේ
156. භව දුක දුරු කළ භාග්‍යවතාණෙනි වන්දේ
157. ලොව අතහැර සිටි පුණ්‍යවතාණෙනි වන්දේ
158. ලොවේ එකම සම්බුදු සමිඳාණෙනි වන්දේ
159. තිලොවට සැනසිලි දායකයාණෙනි වන්දේ
160. ලොවේ එකම පින්බර මිතුරාණෙනි වන්දේ
161. සසරේ දුක දුටු මුනිඳාණෙනි වන්දේ
162. දුක දුරු කළ මුනිඳාණෙනි වන්දේ
163. නිවනට මග පෑදු මුනිඳාණෙනි වන්දේ
164. දිළිඳුන්ගේ දුක දුටු මුනිඳාණෙනි වන්දේ
165. ගුණ ධන අසිරිය දුන් මුනිඳාණෙනි වන්දේ
166. සදාතනික සුවදායකයාණෙනි වන්දේ

167. අහසේ පෙළහර පෑ මුනිඳාණෙනි වන්දේ
168. පොළොවේ පෙළහර පෑ මුනිඳාණෙනි වන්දේ
169. ජලයේ පෙළහර පෑ මුනිඳාණෙනි වන්දේ
170. තිලොවේ පෙළහර පෑ මුනිඳාණෙනි වන්දේ
171. ලෝ දහසක් දුටු නෙත් යුගයාණෙනි වන්දේ
172. තුන්කල් දුටු දිව ඉසිවරයාණෙනි වන්දේ
173. කුළමල සෝදා හළ මුනිඳාණෙනි වන්දේ
174. ජාති භේද දුරු කළ මුනිඳාණෙනි වන්දේ
175. සත්‍යවාදී වූ බුද්ධිමතාණෙනි වන්දේ
176. ධනයට නොනැමෙන වීරනරාණෙනි වන්දේ
177. බලයට නොනැමෙන දස බලයාණෙනි වන්දේ
178. ධර්ම විශාරදයාණෙනි වන්දේ
179. ශාන්ති නායකයාණෙනි වන්දේ
180. මහියංගනයට වැඩි මුනිඳාණෙනි වන්දේ
181. නාගදීපයට වැඩි මුනිඳාණෙනි වන්දේ
182. සමනොළ ගිර සිරිපා තැබුවාණෙනි වන්දේ
183. තෙවරක් සිරිලක වැඩි මුනිඳාණෙනි වන්දේ
184. සිරිලක සුරකින බුදු සමිඳාණෙනි වන්දේ
185. සැමදා අප සුරකින මුනිඳාණෙනි වන්දේ
186. සිව පරමෝත්තමයාණෙනි වන්දේ
187. විශ්ව සනාතනයාණෙනි වන්දේ
188. විශ්මිත බුද්ධිමතාණෙනි වන්දේ
189. කෙළෙසුන් කම්පා කළ මුනිඳාණෙනි වන්දේ
190. ශෝක දොවා හළ අශෝකයාණෙනි වන්දේ
191. දුබල සිතට සවිබල දෙන්නාණෙනි වන්දේ
192. දුබල සිතට සුවසෙත සැදුවාණෙනි වන්දේ
193. ජලනන්දන බල ඇති මුනිඳාණෙනි වන්දේ
194. දසබල ඉර්ධිමතාණෙනි වන්දේ
195. තුන්බිය දුරු කළ බුදු සමිඳාණෙනි වන්දේ
196. සියලු යකුන් බල බිඳි මුනිඳාණෙනි වන්දේ

197. සියලු යකුන් අවනත කළ මුනිඳාණෙනි වන්දේ
198. භූත දෝස දුරු කළ මුනිඳාණෙනි වන්දේ
199. කොඩිවින දුරු කළ මුනිවරයාණෙනි වන්දේ
200. බුද්ධ මන්ත්‍ර බල දුන් මුනිඳාණෙනි වන්දේ
201. සකල යෝග බල ධාරයාණෙනි වන්දේ
202. සකස දෝස දුරු කළ මුනිවරයාණෙනි වන්දේ
203. සතුරන් බල බිඳිනා මුනිඳාණෙනි වන්දේ
204. සතුරන් සෙත සදනා මුනිඳාණෙනි වන්දේ
205. කළ්‍යාණ ප්‍රභාවිතයාණෙනි වන්දේ
206. සම්බුද්ධ සනාතනයාණෙනි වන්දේ
207. සාමහංස රජිඳාණෙනි වන්දේ
208. දිළිඳු පැළට වැඩි බුදු සමිඳාණෙනි වන්දේ
209. රජමැදුරේ දුක දුටු මුනිඳාණෙනි වන්දේ
210. ජීවිතදායකයාණෙනි වන්දේ
211. උමතු රෝග සුව කළ මුනිඳාණෙනි වන්දේ
212. තැතිගත් සිත් සැනසූ තිදුකාණෙනි වන්දේ
213. නපුර නසාලූ බුදු සමිඳාණෙනි වන්දේ
214. සැපත උදාකළ භාග්‍යවතාණෙනි වන්දේ
215. සිතූ දේ ලැබදෙන සිතුමිණයාණෙනි වන්දේ
216. මරු කතරේ සිහිලැල් ගඟුලාණෙනි වන්දේ
217. අලව් යකුන් පැරදූ මුනිඳාණෙනි වන්දේ
218. නාලාගිරි පැරදූ මුනිඳාණෙනි වන්දේ
219. සෝපාක පුතා රැකගත් මුනිඳාණෙනි වන්දේ
220. සච්චක පැරදූ බුද්ධිමතාණෙනි වන්දේ
221. අංගුලිමාල අහිංසක කළ මුනිඳාණෙනි වන්දේ
222. උමතු පටාචාරා සුවකළ මුනිඳාණෙනි වන්දේ
223. බියෙන් සැලෙන ලොව අභීතයාණෙනි වන්දේ
224. සොවෙන් තැවෙන ලොව අශෝකයාණෙනි වන්දේ
225. නොසැලෙන සිත් ඇති මුනිවරයාණෙනි වන්දේ
226. හිංසා නැති අවිහිංසකයාණෙනි වන්දේ

227. මරු බල බිඳලූ මුනිවරයාණෙනි වන්දේ
228. ඉන්ද්‍රඛීල බල ඇති මුනිඳාණෙනි වන්දේ
229. විශ්වනාථ මුනිඳාණෙනි වන්දේ
230. සෑසි තිලෝගුරු භාග්‍යවතාණෙනි වන්දේ
231. සද්ධර්ම විරාජිතයාණෙනි වන්දේ
232. දසත සුගන්ධිත ගුණ කුසුමාණෙනි වන්දේ
233. මොහඳුර නසනා හිරුමඬලාණෙනි වන්දේ
234. සිසිලස සදනා සඳ මඬලාණෙනි වන්දේ
235. දම්රස බෙදනා ගුණ මුහුදාණෙනි වන්දේ
236. භවදුක නසනා බුදු සමිඳාණෙනි වන්දේ
237. ගෙවුණු අතීතය දුටු මුනිඳාණෙනි වන්දේ
238. අනාගතය දකිනා මුනිඳාණෙනි වන්දේ
239. තුන්කල් දකිනා ඉසිවරයාණෙනි වන්දේ
240. තුන්ලොව පැතිරුණ කීර්තිමතාණෙනි වන්දේ
241. ලොව යහමග යවනා මුනිඳාණෙනි වන්දේ
242. සියලු පවින් අප මුදවන්නාණෙනි වන්දේ
243. සියලු විපත් වලකන මුනිඳාණෙනි වන්දේ
244. සියලු සැපත සලසන මුනිඳාණෙනි වන්දේ
245. භාග්‍ය උදාකළ භාග්‍යවතාණෙනි වන්දේ
246. නුවණ ලබාදෙන ඉසිවරයාණෙනි වන්දේ
247. නිල්වන් රැස් විහිදූ මුනිඳාණෙනි වන්දේ
248. රන්වන් රැස් විහිදූ මුනිඳාණෙනි වන්දේ
249. රතු බුදු රැස් විහිදූ මුනිඳාණෙනි වන්දේ
250. සුදු බුදු රැස් විහිදූ මුනිඳාණෙනි වන්දේ
251. දේදුණු රැස් විහිදු මුනිඳාණෙනි වන්දේ
252. දහම් සුවඳ දෙන සුගන්ධයාණෙනි වන්දේ
253. ලෝකේ ඒකාලෝක කරාණෙනි වන්දේ
254. අමෘත දායකයාණෙනි වන්දේ
255. පිය සෙනෙහස පිරි බුද්ධ පියාණෙනි වන්දේ
257. තුන්ලොවටම කරුණාබරයාණෙනි වන්දේ

258. ඤාණ ප්‍රභාවිතයාණෙනි වන්දේ
259. උත්තම රූසිරි ඇති මුනිඳාණෙනි වන්දේ
260. පරතෙර වෙත වැඩි මුනිවරයාණෙනි වන්දේ
261. මාර පරාජිත ලෝක විරාජිතයාණෙනි වන්දේ
262. සුලලිත මධු ස්වරයාණෙනි වන්දේ
263. ක්ලේශ විනාශකයාණෙනි වන්දේ
264. සොඳුරු ගමන් වැඩි මුනි සුගතාණෙනි වන්දේ
265. අම ඔසු බෙදනා බුද්ධ වෙදාණෙනි වන්දේ
266. ශාන්ත සමාහිතයාණෙනි වන්දේ
267. ලොවේ අකම්පිතයාණෙනි වන්දේ
268. මිහිරි දහම් දෙසනා මුනිඳාණෙනි වන්දේ
269. කළගුණ දන්නා ගුණ මුහුදාණෙනි වන්දේ
270. සත්‍ය සොයා වැඩි වීර නරාණෙනි වන්දේ
271. ආර්ය සත්‍යයේ ඉසිවරයාණෙනි වන්දේ
272. අදමිටුවන් මැඩලන මුනිඳාණෙනි වන්දේ
273. ශ්‍රාවකයන් සුරකින මුනිඳාණෙනි වන්දේ
274. ධර්ම රාජ්‍යයේ ධර්ම රජාණෙනි වන්දේ
275. මහාකරුණා මුනිඳාණෙනි වන්දේ
276. අන්තිම දේහධරාණෙනි වන්දේ
277. අභිසම්බෝධිතයාණෙනි වන්දේ
278. සූර්යවංශයේ ගෞතමයාණෙනි වන්දේ
279. බුද්ධිමතුන්ගේ බුද්ධිමතාණෙනි වන්දේ
280. සූවිසි විවරණ ලද මුනිඳාණෙනි වන්දේ
281. චිත්ත වශීබලයාණෙනි වන්දේ
282. චිත්ත සමාහිතයාණෙනි වන්දේ
283. ධ්‍යාන විභූෂිතයාණෙනි වන්දේ
284. සංවර කළ ඉඳුරන් ඇතියාණෙනි වන්දේ
285. මර අඟනන් පැරදූ මුනිඳාණෙනි වන්දේ
286. මිහිකත සැනසූ භාග්‍යවතාණෙනි වන්දේ
287. රහතුන් පිරිවරනා මුනිඳාණෙනි වන්දේ

288. මෙත් සිතිවිලි ඇති මුනිවරයාණෙනි වන්දේ
289. මිහිරි තෙපුල් ඇති භාග්‍යවතාණෙනි වන්දේ
290. භේද කිසිත් නොමදත් මුනිඳාණෙනි වන්දේ
291. වාද විවාද නැසූ මුනිඳාණෙනි වන්දේ
292. සාධාරණයේ විනිසුරුවාණෙනි වන්දේ
293. මායාලෝක විනාසකයාණෙනි වන්දේ
294. නෙතින් නෙතට බුදුරුව රැඳුවාණෙනි වන්දේ
295. කනෙන් කනට සදහම් දෙසුවාණෙනි වන්දේ
296. හදින් හදට අම සුව සැදුවාණෙනි වන්දේ
297. ලොවින් ලොවට සැනසුම බෙදුවාණෙනි වන්දේ
298. සතුටු සිතින් කල් ගෙවී මුනිඳාණෙනි වන්දේ
299. ලෝක හිතාදරයාණෙනි වන්දේ
300. දිළිඳු පැලේ නමදින මුනිඳාණෙනි වන්දේ
301. රජමැඳුරේ නමදින මුනිඳාණෙනි වන්දේ
302. දෙව් විමනේ නමදින මුනිඳාණෙනි වන්දේ
303. බඹලොවදී නමදින මුනිඳාණෙනි වන්දේ
304. තුන් ලොවේම නමදින මුනිඳාණෙනි වන්දේ
305. ලොවේ අසමසම බුදු සමිඳාණෙනි වන්දේ
306. මිනිසුන් දමනය කළ මුනිඳාණෙනි වන්දේ
307. දෙවියන් දමනය කළ මුනිඳාණෙනි වන්දේ
308. බඹලොව දමනය කළ මුනිඳාණෙනි වන්දේ
309. මහා පුරුෂෝත්තමයාණෙනි වන්දේ
310. ධීරවීර ගුණ භාවිතයාණෙනි වන්දේ
311. විස්මිත දේහ විලාසිතයාණෙනි වන්දේ
312. අහසේ සක්මන් කළ මුනිඳාණෙනි වන්දේ
313. පොළොවේ කිමිඳුන මුනිවරයාණෙනි වන්දේ
314. ගිනිදැල් විහිදූ ඉර්ධිමතාණෙනි වන්දේ
315. පිනිබිඳු විහිදූ ඉසිවරයාණෙනි වන්දේ
316. දෙව්ලොව වැඩි මුනිඳාණෙනි වන්දේ
317. බඹලොව වැඩි මුනිඳාණෙනි වන්දේ

318. රහතුන්ගේ සදහම් ඇදුරාණෙනි වන්දේ
319. අපගේ විමුක්ති දායකයාණෙනි වන්දේ
320. ධර්මකාය දරනා මුනිඳාණෙනි වන්දේ
321. අනුපම ධර්ම විලාසිතයාණෙනි වන්දේ
322. දුසිලුන් සිල්වත් කළ මුනිඳාණෙනි වන්දේ
323. දැඩි සිත් සියුමැලි කළ මුනිඳාණෙනි වන්දේ
324. හිංසකයන් අහිංසක කළ මුනිඳාණෙනි වන්දේ
325. සතුරන් ශ්‍රාවකයන් කළ මුනිඳාණෙනි වන්දේ
326. දිළිඳුන් ධනවත් කළ මුනිඳාණෙනි වන්දේ
327. ගිලනුන් සුවපත් කළ මුනිඳාණෙනි වන්දේ
328. අසරණ සරණ සැදූ මුනිඳාණෙනි වන්දේ
329. පාපින් පින්වත් කළ මුනිඳාණෙනි වන්දේ
330. දුබලුන් දිරිමත් කළ මුනිඳාණෙනි වන්දේ
331. සතුරන් මිතුරන් කළ මුනිඳාණෙනි වන්දේ
332. දුක් ඇතියන් සුවපත් කළ මුනිඳාණෙනි වන්දේ
333. මිනිසුන් දෙවියන් කළ මුනිඳාණෙනි වන්දේ
334. හදවත් නිකෙලෙස් කළ මුනිඳාණෙනි වන්දේ
335. විපත සැපත කළ මුනිවරයාණෙනි වන්දේ
336. රැවටිලි බස් නැති මුනිවරයාණෙනි වන්දේ
337. වංචාවෙන් තොර බුදු සමිඳාණෙනි වන්දේ
338. ළාමක ගති නැති බුදු සමිඳාණෙනි වන්දේ
339. සත්‍යවාදි මුනිඳාණෙනි වන්දේ
340. විවේකසුව විඳිනා මුනිඳාණෙනි වන්දේ
341. අරණේ සිත රඳිනා මුනිඳාණෙනි වන්දේ
342. සත්සුන් බව අගයන මුනිඳාණෙනි වන්දේ
343. ශාන්ත ගමනින් යුතු මුනිඳාණෙනි වන්දේ
344. සැනසිලි සිත් ඇතියාණෙනි වන්දේ
345. කරුණාබර නෙත් යුග ඇතියාණෙනි වන්දේ
346. නුවණ ලබාදෙන බස් ඇතියාණෙනි වන්දේ
347. සම්බුද්ධ රජාණෙනි වන්දේ

348. මහා පුණ්‍යවතාණෙනි වන්දේ
349. අධිෂ්ඨානයේ මූර්තිමතාණෙනි වන්දේ
350. ධර්මදානයේ ත්‍යාගවතාණෙනි වන්දේ
351. පාරිශුද්ධියේ සීලවතාණෙනි වන්දේ
352. බුද්ධ ඥාණයේ මුනිවරයාණෙනි වන්දේ
353. ඉවසන ගුණයේ මුනිවරයාණෙනි වන්දේ
354. විස්මිත වූ බලධාරණයාණෙනි වන්දේ
355. දක්ඛිණෙය්‍ය මුනිඳාණෙනි වන්දේ
356. සොඳුරු ගුණෙන් පිරි පුණ්‍යවතාණෙනි වන්දේ
357. ජනහද පිබිදූ බුදුසමිඳාණෙනි වන්දේ
358. ජනහද හඳුනාගත් මුනිඳාණෙනි වන්දේ
359. ජනහද සුවපත් කළ මුනිඳාණෙනි වන්දේ
360. සත්‍ය ප්‍රවර්තකයාණෙනි වන්දේ
361. දුක ජයගත් මුනිඳාණෙනි වන්දේ
362. දුක හටගත් හැටි දුටු මුනිඳාණෙනි වන්දේ
363. දුක නසනා මග වැඩි මුනිඳාණෙනි වන්දේ
364. දුක නැති නිවනට වැඩි මුනිඳාණෙනි වන්දේ
365. නිවන ලබන මග දෙසූ මුනිඳාණෙනි වන්දේ
366. වෙහෙසක් නැති දම් පවසන්නාණෙනි වන්දේ
367. දුරු කතර ගෙවා වඩිනා මුනිඳාණෙනි වන්දේ
368. පින් මතු කරනා මුනිවරයාණෙනි වන්දේ
369. පව් වනසාලන බුදු සමිඳාණෙනි වන්දේ
370. වරදට සමාව දෙන මුනිඳාණෙනි වන්දේ
371. වරදින් මා මුදවන මුනිඳාණෙනි වන්දේ
372. සුපහන් සිත් ඇති මුනිවරයාණෙනි වන්දේ
373. දහම් කැඩපතේ ඍෂිවරයාණෙනි වන්දේ
374. ලොව තුළ නොගැලෙන මුනිවරයාණෙනි වන්දේ
375. නිවන් සුවය විඳිනා මුනිඳාණෙනි වන්දේ
376. කිසිදා කෝප නොවූ මුනිඳාණෙනි වන්දේ
377. කිසිදා සෝක නොවූ මුනිඳාණෙනි වන්දේ

378. කිසිදා මුලා නොවූ මුනිඳාණෙනි වන්දේ
379. මිනිසුන් සැනසූ බුදු සමිඳාණෙනි වන්දේ
380. දෙවියන් සැනසූ බුදු සමිඳාණෙනි වන්දේ
381. බඹලොව සැනසූ බුදු සමිඳාණෙනි වන්දේ
382. තිලොවම සැනසූ බුදු සමිඳාණෙනි වන්දේ
383. අනාථ ලොව සිටි සනාථයාණෙනි වන්දේ
384. රුක් සෙවණක ඉපදුණ මුනිඳාණෙනි වන්දේ
385. රුක් සෙවණක බුදුවුන මුනිඳාණෙනි වන්දේ
386. රුක් සෙවණක නිවනට වැඩියාණෙනි වන්දේ
387. සොබාදහම අගයන මුනිඳාණෙනි වන්දේ
388. විපතින් ලොව මිදවූ මුනිඳාණෙනි වන්දේ
389. දහමින් ලොව සුරැකූ මුනිඳාණෙනි වන්දේ
390. රැවටිලි පරදාලූ මුනිඳාණෙනි වන්දේ
391. බොරුව පැරද වූ මුනිවරයාණෙනි වන්දේ
392. සත්‍යය හෙළිකළ සත්‍යවාදියාණෙනි වන්දේ
393. සැපත ළඟා කළ මුනිවරයාණෙනි වන්දේ
394. දස දෙස මෙත් පැතිරූ මුනිඳාණෙනි වන්දේ
395. හිංසා නැති කළ බුදු සමිඳාණෙනි වන්දේ
396. සාමය ඇති කළ භාග්‍යවතාණෙනි වන්දේ
397. සමගිය ඇති කළ බුදු සමිඳාණෙනි වන්දේ
398. සතුට උදා කළ පුණ්‍යවතාණෙනි වන්දේ
399. සදහම් සක්විතියාණෙනි වන්දේ
400. බිලිපූජා දුරුකළ නිදුකාණෙනි වන්දේ
401. සදහම් පූජා කළ මුනිඳාණෙනි වන්දේ
402. සැමටම සමතැන දුන් මුනිඳාණෙනි වන්දේ
403. සැමටම සැනසුම දුන් මුනිඳාණෙනි වන්දේ
404. ආත්ම ශක්තිය දුන් මුනිඳාණෙනි වන්දේ
405. නෙතට පෙනුම දුන් බුදු සමිඳාණෙනි වන්දේ
406. සිතට සවිය දුන් දසබලයාණෙනි වන්දේ
407. අපට නුවණ දුන් බුද්ධිමතාණෙනි වන්දේ

408. සැමට සිසිල දුන් භාග්‍යවතාණෙනි වන්දේ
409. ලොවට නිවන දුන් ධර්මරජාණෙනි වන්දේ
410. සිල් රකිනා හැටි දෙසූ මුනිඳාණෙනි වන්දේ
411. දන් පුදනා හැටි දෙසූ මුනිඳාණෙනි වන්දේ
412. පින් කරනා හැටි දෙසූ මුනිඳාණෙනි වන්දේ
413. පව් නසනා හැටි දෙසූ මුනිඳාණෙනි වන්දේ
414. හිත හදනා හැටි දෙසූ මුනිඳාණෙනි වන්දේ
415. දුක නිවනා හැටි දෙසූ මුනිඳාණෙනි වන්දේ
416. සැප ලබනා හැටි දෙසූ මුනිඳාණෙනි වන්දේ
417. අමා සුව දායකයාණෙනි වන්දේ
418. සම්බුද්ධ තථාගතයාණෙනි වන්දේ
419. නිරයෙන් අප ගැලවූ මුනිඳාණෙනි වන්දේ
420. ප්‍රේත ලොවෙන් ගැලවූ මුනිඳාණෙනි වන්දේ
421. තිරිසන් ගතියෙන් අප ගැලවූ මුනිඳාණෙනි වන්දේ
422. අපා දුකින් අප බේරාගත් මුනිඳාණෙනි වන්දේ
423. දෙපා සතුන් අතරේ උත්තමයාණෙනි වන්දේ
424. පව් පල දෙන හැටි දෙසූ මුනිඳාණෙනි වන්දේ
425. පින් පල දෙන හැටි දෙසූ මුනිඳාණෙනි වන්දේ
426. පවින් මිදෙන හැටි දෙසූ මුනිඳාණෙනි වන්දේ
427. පින් රැස්වෙන හැටි දෙසූ මුනිඳාණෙනි වන්දේ
428. සංසාරෙන් ගැලවුණ මුනිඳාණෙනි වන්දේ
429. සංසාරෙන් මුදවන මුනිඳාණෙනි වන්දේ
430. සංසාරේ දුක් දුටු මුනිඳාණෙනි වන්දේ
431. රාගෙන් මිදෙනා හැටි පැවසූ මුනිඳාණෙනි වන්දේ
432. ද්වේශෙන් මිදෙනා හැටි පැවසූ මුනිඳාණෙනි වන්දේ
433. මොහෙන් මිදෙනා හැටි පැවසූ මුනිඳාණෙනි වන්දේ
434. සසරින් මිදෙනා හැටි පැවසූ මුනිඳාණෙනි වන්දේ
435. ගුණ ගඟ ගලනා ගුණ මුහුදාණෙනි වන්දේ
436. අමසුව සදනා බුදු සමිඳාණෙනි වන්දේ
437. තනියට ළඟ සිටිනා මුනිඳාණෙනි වන්දේ

438. මගෙ දුක නැති කරනා මුනිඳාණෙනි වන්දේ
439. බියසැක දුරුකරනා මුනිඳාණෙනි වන්දේ
440. ලෙඩදුක් සුවකරනා මුනිඳාණෙනි වන්දේ
441. අනතුරු මග හරිනා මුනිඳාණෙනි වන්දේ
442. ජයෙන් ජයම ලැබදෙන මුනිඳාණෙනි වන්දේ
443. මංගල දර්ශනයාණෙනි වන්දේ
444. පුණ්‍ය මහෝදකයාණෙනි වන්දේ
445. භද්‍ර කල්පයේ මුනිවරයාණෙනි වන්දේ
446. අහසේ බල පිහිටූ මුනිඳාණෙනි වන්දේ
447. පොළොවේ බල පිහිටූ මුනිඳාණෙනි වන්දේ
448. ජලයේ බල පිහිටූ මුනිඳාණෙනි වන්දේ
449. මුළුලොව බල පිහිටූ මුනිඳාණෙනි වන්දේ
450. මෙලොව සැපත සැලසූ මුනිඳාණෙනි වන්දේ
451. පරලොව සැප සැලසූ මුනිඳාණෙනි වන්දේ
452. දෙලොව සැපත සැලසූ මුනිඳාණෙනි වන්දේ
453. විමුක්ති සුව සැලසූ මුනිඳාණෙනි වන්දේ
454. වීතරාගී මුනිඳාණෙනි වන්දේ
455. වීතදෝසි මුනිඳාණෙනි වන්දේ
456. වීතමෝහි මුනිඳාණෙනි වන්දේ
457. බියෙන් පලා නොයනා මුනිඳාණෙනි වන්දේ
458. එඩිතර ගුණයේ සෙන්පතියාණෙනි වන්දේ
459. සැහැල්ලු සිත් ඇතියාණෙනි වන්දේ
460. සැපට උදම් නොවනා මුනිඳාණෙනි වන්දේ
461. දුක් ඇති නොවනා මුනිවරයාණෙනි වන්දේ
463. කර්ම බලය දුටු මුනිඳාණෙනි වන්දේ
464. කර්ම බලය වැනසූ මුනිඳාණෙනි වන්දේ
465. කර්මය ජයගත් මුනිවරයාණෙනි වන්දේ
466. අඳුරෙන් එළියට වැඩි මුනිවරයාණෙනි වන්දේ
467. භවයෙන් එතෙරට වැඩි මුනිඳාණෙනි වන්දේ
468. ලොවේ උතුම් බුදුසරණ සැදූ මුනිඳාණෙනි වන්දේ

469. ලොවේ උතුම් දම්සරණ සැදූ මුනිඳාණෙනි වන්දේ
470. ලොවේ උතුම් සඟසරණ සැදූ මුනිඳාණෙනි වන්දේ
471. ලොවේ උතුම් තිසරණය සැදූ මුනිඳාණෙනි වන්දේ
472. සතිපට්ඨානේ හිත පිහිටූ මුනිඳාණෙනි වන්දේ
473. ඉර්ධිපාදයන් වැඩු මුනිඳාණෙනි වන්දේ
474. බොජ්ඣංග ධර්මයන් වැඩු මුනිඳාණෙනි වන්දේ
475. අරි අටැඟි මග වැඩූ මුනිඳාණෙනි වන්දේ
476. දාන පාරමී පිරූ මුනිඳාණෙනි වන්දේ
477. සීල පාරමී පිරූ මුනිඳාණෙනි වන්දේ
478. නෛෂ්ක්‍රම්‍යයේ මුනිවරයාණෙනි වන්දේ
479. ප්‍රඥා පාරමී පිරූ මුනිඳාණෙනි වන්දේ
480. වීර්ය පාරමී පිරූ මුනිඳාණෙනි වන්දේ
481. ක්ෂාන්ති පාරමී පිරූ මුනිඳාණෙනි වන්දේ
482. සත්‍ය පාරමී පිරූ මුනිඳාණෙනි වන්දේ
483. අධිෂ්ඨානයේ මුනිවරයාණෙනි වන්දේ
484. මෛත්‍රී පාරමී පිරූ මුනිඳාණෙනි වන්දේ
485. උපේක්ෂාව වැඩු මුනිඳාණෙනි වන්දේ
486. දසපාරමී පිරූ මුනිවරයාණෙනි වන්දේ
487. මිනිසුන් සුවපත් කළ මුනිඳාණෙනි වන්දේ
488. දෙවියන් සුවපත් කළ මුනිඳාණෙනි වන්දේ
489. බඹලොව සුවපත් කළ මුනිඳාණෙනි වන්දේ
490. තිලොවම සුවපත් කළ මුනිඳාණෙනි වන්දේ
491. මහා පුරිස ලකුණැති මුනිඳාණෙනි වන්දේ
492. දසබල නුවණින් බබලන්නාණෙනි වන්දේ
493. කෙලෙස් නසන නුවණැති මුනිඳාණෙනි වන්දේ
494. සියල්ල දත් සම්බුදු සමිඳාණෙනි වන්දේ
495. විස්මිත නුවණැති මුනිවරයාණෙනි වන්දේ
496. සාන්ත මුනිවරයාණෙනි වන්දේ
497. ශාන්ති නායකයාණෙනි වන්දේ
498. ලොව්තුරු ඉසිවරයාණෙනි වන්දේ

499. මංගල දර්ශනයාණෙනි වන්දේ
500. සත්‍ය විභූසිතයාණෙනි වන්දේ
501. අනාථ නාථයාණෙනි වන්දේ
502. බුද්ධ වංශයේ මුනිවරයාණෙනි වන්දේ
503. ශාක්‍ය වංශයේ සිංහරජාණෙනි වන්දේ
504. මුනිවරයන්ගේ මුනිවරයාණෙනි වන්දේ
505. ලෝකෝත්තම සම්බුදු සමිඳාණෙනි වන්දේ
506. පිළිවෙත් පූජාවේ මුනිඳාණෙනි වන්දේ
507. ආමිස පූජාවේ මුනිඳාණෙනි වන්දේ
508. අනිමිසලෝචනයේ මුනිඳාණෙනි වන්දේ
509. බුද්ධගයාවේ මුනිවරයාණෙනි වන්දේ
510. ඉසිපතනේ මුනිවරයාණෙනි වන්දේ
511. කුසිනාරාවේ මුනිවරයාණෙනි වන්දේ
512. සිදුහත් ගෞතම බුදු සමිඳාණෙනි වන්දේ

සාදු! සාදු!! සාදු!!!

❁ ❁ ❁

මහාමේඝ ප්‍රකාශන

41. ඒ භාග්‍යවතුන් වහන්සේගේ ශ්‍රාවකයා වෙමි මම
42. සසරක රහස
43. නුවණින් ලොව එළිය කරනා මහා ඉසිවරයාණෝ
44. ස්වර්ණමාලී මහා සෑ වන්දනාව
45. සොඳුරු හුදෙකලාව
46. මග හොඳට තිබේ නම්...
47. මගේ ලොව හිරු මඬල ඔබයි බුදු සමිඳුනේ
48. නුවණැත්තන් හට මෙලොවේ - දකින්ට පුළුවනි සදහම්
49. සිත සනසන අමා දහම්
50. අසිරිමත් සම්බුදු නුවණ
51. ගෞතම සසුනේ පිහිට ලබන්නට...
52. බුදුරජාණන් වහන්සේ කුමක් වදාළ සේක්ද?
53. පින සහ අවබෝධය
54. සැබෑ බසින් මෙම සෙත සැලසේවා !
55. සැපයක්ය එය නුඹට - සැනසෙන්න මෙත් සිතින්
56. අසත්‍යයෙන් සත්‍යයට...
57. කවුරුද ලොව දැකගත්තේ - ඒ සම්බුදු සිරි සදහම්
58. පිරිනිවුණි ඒ රහත් මුනිවරු
59. බාධා ජයගත් මගමයි යහපත්
60. භව පැවැත්මේ සැබෑ ස්වභාවය
61. සුගතියට යන සැලැස්මක්
62. බුදුමුවින් ගලා ආ - මිහිරි දම් අමා දුන්
63. යළි යුගයක් ආවා ලොව සම්බුදු
64. පිනක මහිම
65. බුදු නෙතින් දුටු හෙට දවසේ ලෝකය
66. ජීවිතය දකින කැඩපත ධර්මයයි
67. අකාලික මුනි දහම
68. නිවී පහන් වී සිත් සැනසේවා
69. සුසුමක විමසුම නිවනක ඇරඹුම
70. පිනෙන් පිරුණු සොඳුරු ජීවිතයක්
71. අසිරිමත් දම් රස අමාවන්
72. ලොව දමනය කළ මුනිඳාණෝ
73. නැසෙන වැනසෙන පිනිබිඳුව
74. ගෞතම මුනිඳු මගෙ හිරු සඳු වන සේක
75. දහම් ඇස පහළ විය
76. ශ්‍රේෂ්ඨත්වය සොයා යාම
77. ලෝකයෙන් නිදහස් වීම

- **සදහම් ග්‍රන්ථ :**

01. පිරුවානා පොත් වහන්සේ
02. ඔබේ සිත සමඟ පිළිසඳරක්
03. සිතට සුවදෙන භාවනා
04. පින් මතුවෙන වන්දනා
05. ශ්‍රී සම්බුද්ධත්ව වන්දනා
06. සිරි ගෞතම බෝධි වන්දනාව
07. අසිරිමත් පසේබුදු පෙළහර
08. අනේ..! අපේ කථාවත් අහන්න...

- **සදහම් සිතුවම් පොත් පෙළ :**

01. ඡත්ත මාණවක
02. බාහිය දාරුචීරිය මහරහතන් වහන්සේ
03. පිණ්ඩෝල භාරද්වාජ මහරහතන් වහන්සේ
04. සුමන සාමණේර
05. අම්බපාලී මහරහත් තෙරණියෝ
06. රට්ඨපාල මහරහතන් වහන්සේ
07. සක්කාර නුවර මසුරු කෝසිය
08. කිසාගෝතමී
09. උරුවේල කාශ්‍යප මහරහතන් වහන්සේ
10. සංකිච්ච මහරහතන් වහන්සේ
11. සුප්පබුද්ධ කුෂ්ඨ රෝගියා
12. නිවී ගිය සේක බුද්ධ දිවාකරයාණෝ
13. සුමන මල් වෙළෙන්දා
14. කාලි යක්ෂණිය
15. මුගලන් මහරහතන් වහන්සේ
16. ලාජා දෙවඟන
17. ආයුවඩ්ඪන කුමාරයා
18. සන්තති ඇමති
19. මහධන සිටුපුත්‍රයා
20. අනේපිඬු සිටුතුමා
21. නන්ද මහරහතන් වහන්සේ
22. මණිකාර කුළුපග තිස්ස තෙරණුවෝ
23. විශාඛා මහෝපාසිකාව
24. පතිපූජිකාව

- **ඉංග්‍රීසි භාෂාවට පරිවර්තනය වී ඇති ධර්ම දේශනා ග්‍රන්ථ :**

01. The life of Buddha for children
02. The Wise Shall Realize
03. Stories of Ghosts
04. Stories of Heavenly Mansions

- **ඉංග්‍රීසි භාෂාවට පරිවර්තනය වී ඇති සදහම් සිතුවම් පොත් :**

01. Chaththa Manawaka
02. Sumana the Novice monk
03. Stingy Kosiya of Town Sakkara
04. Kisagothami
05. Kali She-devil
06. Ayuwaddana Kumaraya
07. Sumana The Florist